Polimatía:

Domina múltiples disciplinas, aprende nuevas habilidades, piensa con flexibilidad y conviértete en un extraordinario autodidacta

Por **Peter Hollins**, autor e investigador
petehollins.com

Traducido por **Guillermo Imsteyf**

Contenido

CAPÍTULO 1. APRENDIZ DE TODO — 7

- ¿Cuál es tu forma? — 23
- La mentalidad renacentista — 29
- Problemas con forma de T — 32

CAPÍTULO 2. LA MENTE POLIMÁTICA — 41

- Adaptable y Abierto — 43
- Experimental — 52
- Principiante — 59
- Creencia — 64
- Implacable — 70

CAPÍTULO 3. DE NOVATO A EXPERTO EN 10 PASOS — 83

- Paso 4: Recopilar recursos — 96
- Paso 5: Crear un plan de estudio — 99
- Paso 6: Filtrar, filtrar y filtrar — 101
- Paso 7: Sumergirse — 106
- Paso 8: Exploración — 109
- Paso 9: Clarificación — 115
- Paso 10: Enseñar — 119
- El poder de las notas — 124

CAPÍTULO 4. DESCUBRIMIENTO INTENCIONAL — 138

- Apilar estratégicamente — 157

CAPÍTULO 5. A HOMBROS DE GIGANTES — 167

El hombre que pensó y luego existió — 181
El constructor de pirámides — 185
Conocimiento destilado — 189

GUÍA RESUMIDA — 199

Capítulo 1. Aprendiz de todo

Benjamin Franklin es una de las figuras más exitosas e influyentes de la historia norteamericana. ¿Por qué es famoso, exactamente? En la actualidad, suele ser relegado a la teoría política, pero durante su propia época era conocido por hacer de todo.

Franklin fue un inventor consumado, un político respetado y un líder científico. Estaba al tanto de los temas de actualidad, escribía de manera prolífica sobre muchos asuntos, y a lo largo de su vida fue diplomático, hombre de estado y activista apasionado. Era un activo hombre de negocios que fundó diversas organizaciones, tales como la Universidad de Pensilvania y el primer departamento de bomberos en Filadelfia.

Franklin fue director general de correos y satírico político. Inventó una estufa de pie más eficiente, un instrumento musical (la armónica, para tu información) y los lentes bifocales para contrarrestar su propia visión deteriorada. Incursionó en la electricidad y llevó a cabo el famoso experimento de la llave de metal con la cometa. Oh, y además fue una de las cinco personas clave que participaron en la Declaración de Independencia de la Constitución de los Estados Unidos.

Sus inmensas contribuciones en un amplio rango de campos hacen que nos preguntemos qué hubiera sido de los Estados Unidos sin Benjamin Franklin. Muchos estudiantes suelen creer equivocadamente que él llegó a ser presidente, y aunque no es cierto, no es difícil imaginar que aquel hombre se hiciera tiempo para liderar un país junto con los incontables proyectos, invenciones y empresas que llevaba adelante.

Podríamos decir que lo caracterizaba el hecho de poseer una amplia gama de conocimientos, en otras palabras, podríamos afirmar que se trató de un verdadero «polímata». Este término proviene del griego y significa «haber aprendido mucho» y aparentemente fue concebido para describir a personas como Franklin. Los polímatas poseen conocimientos en un amplio rango de temas y campos, en lugar de especializarse solo en uno. Son consumados en diversas disciplinas y aparentemente prósperos en el campo de la indagación humana como tal. Los polímatas más famosos del mundo combinan campos académicos o crean nuevos campos desde cero. Son los «hombres del renacimiento» por antonomasia, de los que pueden hacer un poco (o mucho) de todo, y nos inspiran a imaginar cuáles son los límites del entendimiento y el aprendizaje humano. Parece que poseen superpoderes, considerando su destreza en múltiples campos del conocimiento. Seguramente habrás oído hablar de muchos polímatas famosos, como Leonardo Da Vinci, René

Descartes, Elon Musk, Platón, Isaac newton, Galileo, Michelangelo, Arquímedes, entre otros. Podría no ser posible alcanzar los niveles de estas personas, pero la búsqueda de la polimatía podría muy bien impulsar tu vida a nuevas alturas. En lugar de ser una cualidad innata, es algo que puede ser aprendido y cultivado por todos, también por ti mismo.

Este libro trata de lo que significa ser un polímata, un hombre del renacimiento, y un versátil autodidacta (una persona que «se enseña a sí misma»). En nuestro complejo mundo moderno con cada vez más limitadas especializaciones, tenemos la alternativa de desarrollarnos de manera holística, esto es, ser mejores en ciencias, artes, política, asuntos académicos, ingenierías, temas sociales, literatura, deportes y espiritualidad.

Nuestra meta como aspirantes a polímatas es, por consiguiente, convertirnos en seres humanos completos y realizados que pueden hacer todas estas cosas con cierto grado de pericia. El secreto está en el desarrollo, el aprendizaje y el dominio, mientras que los campos particulares en los que nos desarrollamos son casi irrelevantes.

Maestro de nada

¿Alguna vez has escuchado la expresión «Aprendiz de todo, maestro de nada»? No es una connotación positiva que asociemos con personas que poseen diversos intereses y reparten su tiempo con eficacia.

A pesar de reverenciar a una fuerza intelectual como Benjamin Franklin, en la vida real algunos de nosotros no tomamos en serio a las personas que saltan de un lado a otro sin establecerse en un campo, y que se entretienen con diversos (y muchas veces muy diferentes) intereses. El debate entre el generalista y el especialista continúa vigente, y ha caído y vuelto a surgir a lo largo de la historia. Cuando evalúas a los científicos más prominentes y exitosos, es fácil descubrir que la mayoría eran generalistas. En lugar de hacer un acercamiento superficial e inefectivo, parece que lograron más por haber tenido múltiples intereses al mismo tiempo.

Los empresarios megaexitosos también han sido conocidos por emprender con amplitud, y continúan emprendiendo proyectos de toda índole luego de haber conseguido éxito en un área. Sería un error suponer que estas personas son genios que se atrevieron a involucrarse en diversas disciplinas por haber sido exitosos, en lugar de entender que su éxito se debe en parte, precisamente, a su versatilidad.

Pero, por otro lado, existen diversos estudios que demuestran un vínculo entre los logros de una persona, y el número de intereses y habilidades que poseen. Un artículo de Robert Root-Bernstein del año 2009 exploró datos relativos a ganadores de distintos Premios Nobel en todas las disciplinas, y encontró una fuerte conexión entre la creatividad y el ser polímata, desafiando de este modo la idea de que se requiere una especialización para lograr el éxito.

Analicemos la cuestión más de cerca. Cuando hablamos de polímatas famosos, solemos destacar a aquellos que no solo han alcanzado competencia en diferentes áreas, sino que han logrado integrar esas competencias de manera creativa, ¡y el resultado inevitablemente supera a la suma de las partes!

Hay personas que no se interesan por solo en una clase de problema (lo que por otra parte significaría solo una clase de solución), sino que al mismo tiempo son buenos en el proceso de aprendizaje como tal. Pueden combinar y relacionar ideas, métodos y soluciones a partir de la vasta herencia de la humanidad, lo que a menudo deriva en ideas revolucionarias. Muchos de los avances dentro de un campo en particular han sido logrados por visitantes inteligentes de otras disciplinas que trajeron consigo una perspectiva fresca y encontraron una manera de enlazar material para el beneficio de ambos campos o crearon una rama completamente nueva.

Imagina una forma de «T». La barra horizontal en la parte superior representa el abanico de conocimientos en diferentes campos, mientras que la barra vertical representa la profundidad del conocimiento en un solo campo. Si has leído «Fuera de serie», de Malcolm Gladwell, estarás familiarizado con la regla de las «10.000 horas», la cual sostiene que 10.000 horas de una práctica de calidad hace que uno sea un experto en un campo en particular. Pero esto podría no aplicar a los polímatas, que parecen lograr avances profundos sin detenerse en las horas.

Es como si la combinación creativa de habilidades entre disciplinas permitiera un avance más rápido que insistiendo en solo un campo y no prestando atención a lo que pertenece a otros dominios. Cuando se trata de empresarios polímatas, algo está claro: ser un generalista a menudo significa menos competencia. Una forma de «T» no es la meta de un polímata; la meta sería una forma de pi o incluso una forma de peine que represente la profundidad del conocimiento en diversos campos. La combinación específica de estos campos es donde ocurre la magia.

Charles Darwin, Elon Musk y Leonardo Da Vinci son famosos polímatas, pero no necesitas alcanzar su nivel para beneficiarte de su acercamiento. No necesitas poseer numerosos títulos ni incursionar en los mismos temas (física, política, negocios y literatura son los más comunes) sino que, en lugar de suponer que hay algo especial en esos temas, debes preguntarte por qué un polímata suele verse atraído por ellos.

Ser un polímata requiere un cambio de perspectiva: en lugar de correr lo más lejos que puedas en una sola carrera, abres un campo de percepción para absorber tanto como sea posible y atraer conexiones atípicas para enlazar el conocimiento que ya tienes de maneras novedosas. Sé inquisitivo y directo en tus razonamientos, haz preguntas inusuales y une cosas que ordinariamente están separadas, solo para ver qué pasa.

Una persona podría tener un trabajo ordinario en una oficina de algo como, digamos, mercadotecnia digital. Pero esa misma persona podría ser un lector voraz en su tiempo libre, un miembro activo en políticas locales y contribuir regularmente a una revista de ficción publicando poesía o historias cortas.

Esa misma persona podría usar, por ejemplo, su conocimiento del modelo de «juego» psicológico de Eric Berne, junto con un agudo entendimiento del clima político, para diseñar un nuevo «paquete de administración de reputación» para los clientes, y ganarse una promoción para administrar ese nuevo departamento en la empresa.

En lugar de simplemente arar en el mismo y viejo surco, esta persona usa una mezcla creativa de sus habilidades y base de conocimiento para promoverse a sí misma en su lugar de trabajo, y abrir nuevas y potencialmente lucrativas posibilidades. Como es el caso de muchos polímatas, crean sus propios roles y trabajos, usando sus personalidades únicas y una combinación de habilidades para perseguir precisamente lo que les interesa, a menudo para su propio beneficio.

Puede ser que en nuestro mundo moderno recompensemos a quienes logran sintetizar, vincular y crear a pesar de la existencia de una feroz competencia y una alta complejidad. Ya lo dijo célebremente E. M.

Forster: «Solamente conecta». Lee tu libro de química desde una perspectiva literaria. Pregúntate lo que diría el filósofo comunista Karl Marx sobre la economía *gig*. Si tus intereses incluyen la gastronomía, la psicoterapia, el estudio de géneros y los negocios, ¿por qué no experimentas con una «terapia de cocina» solo para hombres, donde los hombres mayores puedan establecer conexiones con otros, mientras aprenden a cocinar para ellos mismos luego de un divorcio?

Desafortunadamente, pese a vivir en un mundo liderado por polímatas como Jeff Bezos, la mayoría de nosotros todavía nos aferramos a la idea convencional de las disciplinas separadas. ¿Cuántos de nosotros aún creemos que algunas personas son del tipo artistas, del tipo políglotas, o que se inclinan por las matemáticas o las ciencias duras, y que todas estas no tienen mucho que ver unas con otras? Los verdaderos polímatas descartan este tipo de limitaciones. La diversidad, para ellos, es una bendición, y mientras más intereses se tengan, mejor.

En este libro, no solo consideraremos todas las maneras en que los seres humanos son naturalmente polímatas, sino que también examinaremos las buenas razones por las que podrías querer fomentar esta habilidad en ti, no solo para una realización personal, sino también para lograr el éxito académico y financiero.

Ser un especialista requiere que te desempeñes en el 1 por ciento superior, por ejemplo, de solo una disciplina. Un polímata se desempeña en, digamos, el 25 por ciento superior de tres disciplinas o más. Y aquí observas la primera ventaja principal: ser un polímata es de hecho más sencillo. ¿Cómo lograrlo? Pues bien, te subes «a hombros de gigantes». No necesitas inventar la rueda de nuevo. Parte de las invaluables habilidades requeridas de un polímata es saber cómo encontrar y sintetizar rápidamente la información más importante. Este concepto, conocido como «apilamiento de aptitudes», es desarrollado con detenimiento más adelante en este libro.

Especialistas de todo el mundo han hecho el trabajo pesado y nos han dejado un registro. Han llevado a cabo pruebas detalladas y han acumulado un conocimiento de alta calidad cada vez mayor, filtrando y descartando el material menos importante. Hoy tenemos la suerte de contar con acceso libre a este contenido, junto con cursos en línea, videos, artículos gratuitos sobre investigaciones y material de dominio público. Ahora más que nunca, alguien interesado en aprender puede encontrar un maravilloso mundo de recursos gratis.

Lo que Benjamin Franklin tuvo que hacer con una pluma fuente, una vista pobre y sin internet, podemos hacerlo hoy desde la comodidad de nuestros sofás. ¡Y continuar desde donde él dejó!

Casi que lo damos por hecho, pero piensa en la riqueza del conocimiento de los grandes especialistas ahora disponible y de fácil acceso a través de un sitio web como YouTube. Antes tenías que contactarte realmente con otros expertos o ir a la biblioteca. Pero hoy por hoy puedes aprender una habilidad inusual, un nuevo idioma, crear un software desde tu sala o lanzar un negocio internacional en una tarde.

Algunas personas observan el mundo y creen que las grandes ideas ya han sido pensadas, que todo ha sido inventado. Pero un polímata sabe que existen maneras infinitas de combinar lo que ya existe. ¿De qué otra forma justificamos la existencia de la psicología evolucionista, o el concepto del eje intestino-cerebro? Una vez combinados, estos campos abren completamente nuevas y emocionantes posibilidades. Para los polímatas no hay límites. El crecimiento es exponencial cuando la estrategia es combinatoria. No existen límites cuando se piensa de manera conectada y holística. Es la mejor manera de superar un bloqueo o de resolver un problema que parece irresoluble.

Otra ventaja es la flexibilidad. El recurso del polímata es la diversificación, y cuanto más variados sean sus recursos, más sólidos y adaptables al cambio. Va más allá de estudiar una carrera y prepararse para el futuro: los verdaderos polímatas diseñan su propia carrera. No se preocupan por verse atascados en industrias moribundas, pues van a la vanguardia y son quienes hacen crecer nuevas industrias.

Naturalmente, todos estamos al corriente de lo que funciona y nos preguntamos dónde se dará la próxima evolución. Claro que podemos tener éxito por ser uno de los primeros en capitalizar alguna idea novedosa que otros no se han tomado el tiempo de explorar adecuadamente. Nadie puede predecir el futuro, pero es lógico pensar que cuantas más opciones se tengan, más probabilidades hay de que una de ellas despegue hacia el éxito, entre otras cosas porque si uno de los proyectos falla, simplemente se puede recurrir a otro de los que hay en la fila.

Finalmente, con el correr del tiempo aparece un beneficio más sutil en ser un polímata. Los problemas que enfrentaron Benjamin Franklin y los de su época eran grandes, pero de una escala completamente diferente a los que tenemos hoy en día. Piensa en el cambio climático, la desigual distribución de la riqueza a escala mundial, la inestabilidad política o la amenaza de nuevas y complejas enfermedades.

Al ser tan complejos y desmesurado, estos problemas requerirán de un enfoque integrado. Los desafíos actuales que enfrenta la humanidad no pueden ser resueltos por especialistas. Sin embargo, pueden ser abordados por polímatas que entiendan cómo reunir hábilmente lo mejor de cada especialidad para lograr una solución tan matizada y compleja como el problema en sí. Por diversas razones, los dilemas del futuro requerirán un pensamiento que sea creativo, fresco y original.

Quienes estén en condiciones de demostrar esta nueva meta-habilidad se distinguirán del resto, como en nuestro ejemplo del empleado de mercadotecnia. Los polímatas no solo serán capaces de vivir la vida de forma profundamente satisfactoria, sino que aportarán valor y harán rentable la vida de los demás. Los pensadores con originalidad siempre han aportado un *plus*, y a partir de ahora lo harán más que nunca.

¿Cuál es tu forma?

Ser un polímata no necesariamente significa modelarse según los parámetros de los grandes «Hombres del Renacimiento» y rescatar del pasado viejas visiones políticas, modos de creación artística o métodos de investigación científica. La polimatía moderna será muy diferente y factible de ser aplicada a grupos u organizaciones integrados por personas con conocimientos en áreas diversas. Tu objetivo como polímata es convertirte en un generalista, es decir, en una persona capaz de hablar sobre cualquier tema con cualquier otra persona, capaz de zanjar discusiones, sortear diferencias, establecer conexiones y aprender.

Toma como ejemplo la forma de la letra T. Si tu perfil de habilidades se asemeja a esta forma, se trata de un perfil generalista a nivel superficial, donde solo se verifica un conocimiento profundo en un campo. Es mejor que un perfil con forma de I, donde no hay ningún conocimiento general y solo hay un conocimiento profundo. Pero no es tan bueno como un perfil con forma de pi (π), con dos áreas de conocimiento profundo, o incluso una forma de peine, con varias ramas de profundidad que nacen a partir de una base de conocimiento más general.

Pero puedes ir más lejos. Como polímata, debes intentar diversificar y cosechar los beneficios de la especialización y la diversificación. Necesitas tener cierta experiencia general para contextualizar un selecto bagaje de conocimientos más profundos. No debes perderte en el estrecho callejón que significa contar con un solo conocimiento, sin perspectiva ni conexión con el resto del mundo, ni debes rozar apenas la superficie sin comprender realmente el campo, estableciendo, como consecuencia, conexiones débiles y superficiales.

Los polímatas se caracterizan por poseer una curiosidad intelectual natural. No es que se propongan desarrollar deliberadamente un perfil de habilidades diversas, sino que permiten que ese perfil se desarrolle orgánicamente en función de sus propias limitaciones innatas, las oportunidades del contexto, sus propias habilidades y pasiones, la demanda del entorno, etc. Algunos intereses lograrán un desarrollo más profundo (áreas de movimiento más lento y con muchos matices), mientras que a otros les será suficiente un enfoque más generalista con el cual identificar las ideas centrales (áreas de movimiento más rápido, un aspecto con tendencia a cambiar dentro de unos años). Un polímata combina ambos tipos de intereses (o áreas) para obtener los resultados óptimos.

Por ejemplo, una mujer podría obtener un título en negocios y a la vez mantener vivos sus otros intereses, podría dedicar mucho tiempo a adquirir una comprensión profunda de los principios empresariales fundamentales, y paralelamente complementar sus conocimientos con intereses a corto plazo. Podría hacer cursos cortos sobre desarrollo de aplicaciones, aprender a programar, hacer voluntariado, practicar el pasatiempo de la vitrofusión, y leer libros de diversa índole, desde autoayuda, filosofía y poesía, hasta historia del arte y novelas de terror de los años 60.

Si bien es sin duda una polímata, centra muchos de sus intereses en la columna vertebral más general de los estudios empresariales, que actúa como marco y principio organizativo.

Consideremos otro aspecto: el tiempo. Algunos polímatas no hacen malabarismos para cumplir con todos sus intereses al mismo tiempo, sino que optan por ser especialistas en serie, dedicar algunos años a cada proyecto y desarrollar alguno en profundidad antes de pasar a otro. Es posible que alguien así no parezca un polímata en ese momento, pero está utilizando el tiempo para acumular habilidades, diversificar sus modelos mentales, establecer conexiones y ampliar posibilidades de manera constante.

Cuanto más se trabaje y estudie, más contenido se tendrán que consultar y más rica se volverá entonces su paleta. De hecho, uno podría abandonar por completo aquellas viejas formas y adoptar la forma de una estrella, con intereses que se expanden en todas las direcciones, una forma no lineal de ver las cosas, que representa el valor de expandir el conjunto de habilidades para cubrir el abanico completo de la capacidad humana.

Para desarrollar un perfil con forma de estrella tú mismo, piensa cómo lograr ubicarte en el 25 por ciento superior de al menos tres áreas. Busca dominar alguna actividad física, (como correr o bailar), intelectual (puede ser tu profesión actual) y social o relacional (como un voluntariado social o una causa política). A partir de allí, puedes comenzar a diversificarse en actividades tangentes relacionadas, como enseñar danza, usar la experiencia del voluntariado para enriquecer la relación con tus colegas, y recurrir a tu red de trabajo actual para establecer nuevas conexiones con personas que te permitan avanzar en ambos sentidos. Así es como los polímatas hacen crecer orgánicamente sus propios imperios, al establecer conexiones creativas entre unas pocas áreas clave.

La Biblia del polímata de David Epstein llamada "Rango: ¿Por qué los generalistas triunfan en un mundo especializado?", toma también el caso de los ganadores de premios Nobel. Epstein descubrió que todos ellos tenían veintidós veces más probabilidades de ser bailarines, actores, poetas, etc., en comparación con científicos más mediocres. La conclusión es clara: ser un aprendiz de todo no solo no produce distracción en las disciplinas elegidas, sino que, por el contrario, puede beneficiar el éxito en al menos un campo.

Los expertos en mercadotecnia suelen afirmar que una empresa necesita identificar claramente su PVU: Propuesta de Venta Única. Para un polímata, la singularidad siempre es un hecho, mientras que el éxito radica en encontrar conexiones novedosas.

La crianza de los hijos, los negocios, la educación e incluso los deportes: no hay área de la vida a la que estos principios no se apliquen. Ser un individuo completo y único no solo significa equiparse con una variedad de habilidades para aprovechar y combinar de manera significativa, sino también fortalecer la inteligencia, el análisis crítico, el aprendizaje, y la capacidad de sintetizar conocimientos y de crear, independientemente de la disciplina en la que se encuentre.

La mentalidad renacentista

El autor y consultor de negocios Frans Johansson describe el «efecto Medici» como el surgimiento de ideas nuevas y soluciones creativas a partir de la unión de diferentes orígenes y disciplinas. El término refiere a la familia homónima que en el siglo XV propiciara el comienzo del Renacimiento al reunir a artistas, escritores, filósofos, matemáticos y otros creativos de todo el mundo. Podría decirse que el Renacimiento fue el resultado del intercambio de ideas entre diferentes grupos en estrecha proximidad unos con otros en la Florencia y Roma del siglo XV. ¿Te suena familiar? Si no puedes diversificar tu propio talento, quizás rodearte de otros para compensarlo podría resultar beneficioso.

Johansson propone que también en el mundo empresarial moderno el efecto Medici es la clave para satisfacer mejor las necesidades del cliente y maximizar las ganancias minimizando los costos. Sostiene que todas las nuevas ideas provienen de la fusión creativa de nociones existentes, y recomienda aplicar una combinación de antecedentes, experiencias y conocimientos en la selección de personal con el fin de aportar las mejores soluciones, perspectivas e innovaciones posibles en los negocios.

Lo mismo es válido para la creatividad y la resolución de problemas en general: extraer conocimientos de diferentes disciplinas y relacionar conceptos pertenecientes a campos diversos constituyen poderosas herramientas para generar ideas creativas. Un objeto corriente en un campo puede ser una herramienta extraordinaria en otro. Una perspectiva o enfoque puede ser de uso común en una disciplina pero revolucionario en un campo distinto. Un concepto convencional en una disciplina puede tener aplicaciones interesantes e innovadoras en un dominio diferente.

Por ejemplo, los métodos creativos utilizados en la implementación de normas de tránsito han extraído ideas no solo de la electrónica, la ingeniería y la tecnología de la información, sino también de las artes visuales, la psicología y la publicidad. Es un concepto de uso común en psicología que las personas, al tomar decisiones, se basan no solo en información racional sino también en señales emocionales. Este concepto ha llevado a la innovación de usar caras sonrientes en los semáforos para que más personas respondan.

Las ventajas de reunir conocimientos y recursos procedentes de múltiples disciplinas para ayudar a la resolución de problemas resultan evidentes en los estudios desarrollados por el profesor e investigador Brian Uzzi. Al analizar más de 26 millones de artículos científicos publicados durante los últimos siglos, Uzzi descubrió que los de mayor impacto han sido aquellos realizados por equipos interdisciplinarios, integrados por miembros que presentan una combinación atípica de antecedentes. Otra investigación suya reveló que los estudios más destacados citaban otros estudios de campos distintos al de la investigación central, constituyendo esas citas al menos el 10 por ciento del total.

Quizás no sea una coincidencia que sigamos hablando de Leonardo da Vinci y de sus tendencias polimáticas, quizás justamente debido a esas tendencias. Como mínimo, fue un consagrado pintor, escultor, ingeniero, arquitecto y anatomista. También poseía un gran interés en la ornitología, el diseño de maquinaria y la codificación. Él es el más acabado ejemplo de cómo diferentes disciplinas pueden unirse, hacer sinergia y producir un trabajo creativo revolucionario e innovador. No es una coincidencia que la familia Medici fuera uno de los principales mecenas de Leonardo da Vinci en vida.

Albert Einstein también utilizó este concepto en su método de «juego combinatorio», que veremos más adelante, cuando profundicemos en sus tácticas para la creatividad y el pensamiento innovador.

Problemas con forma de T

¿Y si profundizar el conocimiento y la habilidad en una especialidad pudiera de hecho resultar perjudicial?

Al respecto, el efecto «Einstellung» («ajuste» o «actitud» en alemán), explica por qué encarnar una forma de T puede resultar en una reducción de las capacidades creativas para resolver problemas y en un aislamiento respecto del propio conocimiento.

Nadie se atrevería a suponer que desarrollar conocimientos especializados en un determinado nicho podría ser un desperdicio, sin embargo, puede actuar como una carga y un obstáculo. Si, como experto, depositas toda tu confianza en tu conocimiento y en tu experiencia, probablemente te veas en problemas en el momento en que se requiera de una innovación reflexiva. Quizás hayas visto alguna vez a una persona común ofreciendo una solución más creativa o inteligente a un problema específico, que los supuestos expertos. Este efecto podría ser la explicación de ese fenómeno. Cuando se sabe con exactitud cómo debe hacerse algo en particular, puede resultar muy difícil romper con esa rígida estructura de pensamiento.

Para quien siempre lleva un martillo, todo le parece un clavo.

Las investigaciones demuestran que la experiencia práctica dificulta la resolución creativa de problemas. El conocimiento acumulado es algo maravilloso, pero también rígido y menos propenso a responder con fluidez en el momento. Los expertos pueden aferrarse a una solución clásica y obvia con tanta fuerza que les impida reconocer una mejor alternativa aunque la tuvieran enfrente.

El efecto Einstellung fue descrito por primera vez en 1942 por Luchins y Luchins, quienes hicieron que los participantes del estudio realizaran varias pruebas, entre ellas la de la jarra con agua. Les pidieron que midieran una cantidad específica de agua usando tres jarras de diferentes capacidades. A un grupo se le permitió hacer pruebas hasta llegar a una fórmula para resolver el problema. El otro grupo no participó en esa ronda.

Luego, a ambos grupos se les asignó una tarea similar donde la solución era bastante simple. Como era de esperar, el grupo que ya había adquirido experiencia en la elaboración de la fórmula anterior trató de aplicarla también aquí, perdiendo de vista la solución más simple. Mientras que el segundo grupo, sin práctica ni experiencia, encontró la solución más fácilmente.

Este resultado nos muestra que el conocimiento previo puede actuar como una solución preconcebida que bloquee activamente el descubrimiento de una mejor opción. El primer grupo eran los «expertos», y justamente se desempeñaron peor por esa razón. ¡A que esto nos hace ver de una manera distinta a todos aquellos «expertos» del mundo ansiosos por decirnos cómo se deben hacer las cosas! Conociendo el efecto Einstellung y sabiendo que los expertos suelen cobrar más por sus servicios, cabe preguntarnos si en realidad no sería mejor convocar a personas no expertas pero sí creativas para resolver mejor los problemas (¡y de manera más económica!).

Investigaciones posteriores han mostrado resultados similares mediante la aplicación de acertijos de creatividad con los que los *no-expertos* parecen lograr mejores resultados. El famoso problema de la vela de Karl Duncker demostró que aquellas personas con ideas preconcebidas acerca de cómo utilizar las herramientas (en este caso, una caja de fósforos, una vela y una caja con chinchetas), no lograban encontrar soluciones poco convencionales (como utilizar la caja de chinchetas como repisa fijada a la pared con las chinchetas, para luego parar la vela en la caja y finalmente encender la vela con los fósforos). Lo que los participantes sabían de antemano les impedía ver lo que tenían frente a ellos y aprender algo nuevo.

¿Qué sucedería si el bagaje de saberes de los participantes tuviera forma de pi o de peine, y les permitiera extraer soluciones de diferentes ámbitos de conocimiento? Pues ya conoces el resultado probable. Si tu forma es de T, sin importar el motivo, es como trabajar en la línea de montaje de una de las fábricas de Henry Ford. Es decir, con cada persona ejecutando una sola función y, como tal, pudiendo ser reemplazada fácilmente en cualquier momento. Cuanto más polimático seas, más funciones podrás realizar y menos reemplazable serás.

En la siguiente sección analizaremos, no las actividades específicas que suelen atraer a los polímatas, sino la actitud subyacente que les permite trabajar como lo hacen.

Conclusiones:

- Cuando pensamos en la palabra polímata, pensamos en genios célebres cuyas conquistas a lo largo de la historia resultan inalcanzables para nosotros. Quizás sea cierto, pero nos puede resultar de mucha utilidad estudiar cómo aquellos encaraban los problemas combinando sus saberes. Un polímata es alguien experto en múltiples campos. Puede parecer una simplificación excesiva, pero esa es la esencia. Sin embargo, la magia ocurre cuando estos múltiples campos convergen, propiciando la indagación y la resolución de los problemas por fuera de las estructuras preconcebidas.
- La aproximación propuesta en este libro es desarrollar al menos la forma de pi, e idealmente la forma de peine o de estrella, en franco contraste con la forma de T. Las líneas horizontales

representan la amplitud del conocimiento, mientras que las verticales representan su profundidad. ¿Quién dispone del tiempo suficiente para lograrlo? Pues, mucha gente. Numerosos estudios han demostrado la eficacia y el alto rendimiento de los equipos multidisciplinarios, de las personas que poseen una amplia gama de talentos y de quienes aplican conocimientos clásicos a situaciones innovadoras: Leonardo da Vinci, Elon Musk, Benjamin Franklin y Aristóteles, son solo algunos de los ejemplos. Suele afirmarse que esta tipología de trabajo combinado dio inicio al período del Renacimiento en Florencia, Italia.

- Puede parecer obvio o redundante, pero no se debe subestimar la importancia de adquirir una diversidad de conocimientos. Incluso resulta problemático poseer demasiado conocimiento en un mismo campo o una experiencia demasiado profunda. Esto se denomina efecto Einstellung e identifica al hombre que anda siempre con un martillo y ve todo como un clavo. Cuanto más inmerso esté en un tema, más difícil será ver otras herramientas, métodos, enfoques y perspectivas que estén fuera de su campo. Un biólogo solo verá problemas relacionados con la biología, etc.

- La forma más fácil de pensar en la polimatía es imaginarse trabajando en la línea de montaje en una de las fábricas de Henry Ford. Cada persona tiene asignada una única función y, como tal, puede ser reemplazada fácilmente en cualquier momento. Cuanto más polimático puedas ser, más funciones podrás realizar y menos reemplazable serás.

Capítulo 2. La mente polimática

Dado lo que sabemos hasta ahora sobre los polímatas, la pregunta natural que surge a continuación es qué podemos aprender de su enfoque y cuál es la mejor manera de prepararnos para tener éxito en un mundo que cambia rápida y continuamente. Esto requiere de nosotros un ejercicio algo más creativo que solo preguntarnos: «¿Qué habilidades son valiosas en el mercado en este momento?» o «¿Cuál será la próxima gran novedad?».

La verdad es que a los polímatas exitosos les impulsa principalmente una curiosidad insaciable, un amor por sus campos de interés, un anhelo de maestría, creatividad y expresión, o una combinación de todo lo mencionado. Quizás entre ellos no compartan sus campos de acción o experiencia, pero ciertamente comparten el mismo entusiasmo por la vida y un conjunto de rasgos que los hacen ir en busca de más.

Por lo tanto, no es suficiente con imitar los resultados finales de los procesos de trabajo de los polímatas. Debemos indagar en cómo han pensado y trabajado, en lugar de perdernos en los detalles de lo que han hecho. Se trata de entender qué los ha impulsado a desarrollar una forma de pi o de peine, en lugar de perpetuar una simple forma de T.

Muchas personas erróneamente creen que para seguir siendo competitivas deben mejorar sus habilidades siguiendo las últimas tendencias o los métodos que están de moda. Se proponen aprender a escribir código de programación o comerciar con criptomonedas, por ejemplo, no porque sea allí donde los lleve su pasión genuinamente, sino porque están influenciadas por las historias de emprendedores que ya han recorrido (y con cierto éxito) ese camino.

Desafortunadamente, esa constituye una estrategia destinada al fracaso por dos razones: porque cuando una tendencia es identificable como tal significa que está a punto de desaparecer, y porque imitar a otros impide capitalizar la singularidad del talento propio.

Adaptable y Abierto

Lo importante es el espíritu de la polimatía, y en buena medida este es independiente de cualquier área o tema en particular, sin importar cuán relevantes estos puedan parecer en un principio. Se trata de versatilidad, flexibilidad y apertura.

Como ejemplo, piensa en alguien que cree que la industria de la moda está cambiando y que el futuro está en la fabricación y comercialización de productos según normas éticas y ecológicas. Suena bien hasta ahora.

Esa persona puede trabajar en la compra de materia prima o en la venta de ropa, y hacer su mayor esfuerzo en desarrollar y comercializar una nueva marca siguiendo los principios comerciales clásicos que ya han funcionado para los fabricantes de ropa tradicionales. Pero debido a su rigidez y por aferrarse obstinadamente a esos métodos, es posible que no esté dispuesto a cambiar ni aprender algo nuevo, ignorando cambios más sutiles en la industria, sin prestar atención a las advertencias de que hacer las cosas como se hacían antes ya no funciona.

Otra persona, un polímata auténtico, puede trabajar en un campo completamente diferente pero, al mismo tiempo, cultivar la pasión por comprar y vender ropa *vintage* o de segunda mano. Aunque no tenga educación empresarial ni experiencia previa, conoce la verdadera tendencia en la industria de la moda: el alquiler y los artículos usados son el futuro. Actúa rápidamente y en un año ha establecido una próspera plataforma en línea para el intercambio de ropa que revoluciona por completo el mercado.

Mientras que la persona anterior se estanca en su carrera, el polímata logra el éxito aparentemente a la velocidad del rayo y sin seguir ninguna de las reglas preestablecidas. Esto se debe a que su enfoque no está limitado por ideas preconcebidas, modelos clásicos, creencias posiblemente obsoletas y el pensamiento de «hacer como de costumbre».

Este ejemplo es cada vez menos una anomalía y cada vez más la norma: los emprendedores mínimamente capacitados y con experiencia modesta con frecuencia se lanzan y tienen éxito en virtud de su flexibilidad, creatividad y, a veces, pura audacia.

Aquí, la mentalidad y la actitud lo son todo. Esto significa estar dispuesto a adaptarse cuando sea necesario, a sentirse cómodo e incluso experto navegando y sorteando desafíos que cambian rápidamente. Un polímata no reacciona a la adversidad preguntando qué puede hacer para sobrevivir, sino que ya lo está haciendo. En lugar de pensar en modo reactivo y de supervivencia, el polímata está un paso delante de los demás, a menudo simplemente porque lo disfruta. Por eso es tan importante no imitar lo que hacen los polímatas, sino examinar de cerca la mentalidad y la perspectiva que los lleva a actuar de esa manera tan peculiar cuando otros a su vez actúan de manera diferente.

Examinemos esta actitud más de cerca.

En primer lugar, una lección que cualquier polímata puede enseñarnos es un sano desprecio por las reglas. Las personas creativas e inventivas ven las reglas como provisionales y los límites como meros modelos de trabajo a ser modificados apenas se pueda crear o descubrir algo mejor. Saben que el bien y el mal constituyen a menudo materia opinable (y posiblemente variable) y no permiten que las convenciones ordinarias limiten su imaginación y su pensamiento.

Después de todo, trabajar con ideas que están fuera de la zona de confort de la humanidad requiere suspender juicios y suposiciones ordinarias. El inventor posee una curiosidad que va más allá de lo que otros puedan decirle que está permitido o correcto.

Ir de la mano de esta actitud, necesariamente, implica convivir con la incertidumbre. Para las personas inteligentes y creativas, existe un grado de responsabilidad asociado con hacer grandes preguntas y esperar respuestas.

Muchos polímatas célebres han sostenido la actitud de «si la solución no existe, la crearé yo mismo». Esta profunda individualidad y libertad proviene de la voluntad de tolerar lo desconocido, actuar sin información completa, asumir riesgos y vivir en un mundo que aún no está habitado ni normalizado por nadie que pueda decir lo que se debe hacer.

Los polímatas fracasan a menudo y, a veces, de manera extravagante. No les importa. Cuando otros pueden pensar que las incógnitas y los fracasos son intolerables, los polímatas no solo avanzan, sino que prosperan en esas condiciones.

Sin una genuina curiosidad y pasión por desarrollar un conocimiento y un dominio auténticos, rara vez se puede soportar el proceso que se requiere para alcanzar grandes metas a largo plazo. Pero estos son precisamente los objetivos que la mayoría de los polímatas aprecian. Se concentran en lo que quieren y no permiten que nada los limite, ni siquiera sus propios miedos irracionales o su pereza.

Por último, los polímatas se ven a sí mismos de la misma manera que ven los diversos temas con los que se involucran, sin restricciones ni etiquetas simplificadas. Si lo piensas bien, a muchos de nosotros nos resulta fácil etiquetarnos de una forma u otra, felices de asumir las limitaciones implícitas. Los polímatas no se molestan, rara vez se definen a sí mismos y se mantienen abiertos a la posibilidad y al potencial el mayor tiempo posible.

Hoy tenemos más etiquetas de identidad y orientación sexual que nunca. Se puede elegir a qué partido político, tipo de personalidad, grupo sanguíneo, clase demográfica o social pertenecer, y asignar un significado inmenso a esas etiquetas. Hay etiquetas para las creencias religiosas que se tiene o no tiene, los equipos deportivos a los que se sigue, la nación de la que se forma parte, la raza, incluso los medios que se consumen y en qué idioma. Se puede realizar una prueba de ADN para identificar con mayor precisión a qué grupos étnicos se pertenece.

El problema con todo este etiquetado desenfrenado es que clausura el compromiso genuino, auténtico y espontáneo con la vida tal como es. Por ejemplo, te dices a ti mismo: «No pertenezco al mundo del R&B; lo odio, a decir verdad» y renuncias por completo a escuchar a un artista que tal vez hubieses amado. Tu identidad actuó como una limitación, separando claramente lo que sentías que era parte de tu mundo y lo que no lo era.

Los polímatas, al establecer estas limitaciones con mucha menos frecuencia, se permiten un mayor acceso a nuevos ámbitos. No les importa si una determinada idea, comportamiento o pregunta no es para personas como ellos, y no tienen miedo de cambiar de opinión o cuestionarse si una preferencia anterior sigue siendo útil. Son agnósticos en su búsqueda de una respuesta o un objetivo, y dejan de lado las ideas preconcebidas, las suposiciones y el orgullo.

Una idea que vale la pena repetir es que nuestro concepto de nosotros mismos expresa las experiencias y los conocimientos a los que estamos dispuestos a exponernos, e incluso puede convertirse en una profecía autocumplida: repítete a ti mismo que eres un tipo particular de persona, y te encontrarás eventualmente tomando acciones que respalden esa afirmación.

Para entrar en la mentalidad de un polímata, piensa en las elecciones que hace, las opiniones que tiene y las preguntas que formula: ¿actúa a partir de una idea preconcebida acerca de su propia identidad? Votas, compras, hablas y trabajas como un ABC porque eres un ABC y eso es lo que hacen los ABC. Sin embargo, la gente cambia. ¿Cómo lo sabrás si no te habilitas la posibilidad de hacer, querer o sentir algo que vaya en contra de su vieja identidad?

La clave para lidiar con el cambio, y ser un polímata flexible y adaptable, es no aferrarse a las ideas de quiénes somos y cuáles son nuestros límites. ¿Eres la misma persona que hace diez o veinte años? Si no es así, entonces no deberías comportarte como si tu forma de ser actual fuera tu forma de ser definitiva y para siempre.

Al ser fluido y no dar nada por sentado, los polímatas se mantienen frescos, y abiertos al cambio y a las nuevas oportunidades. Crecen más rápido y con menos perturbaciones, ya que no se aferran a viejas ideas que ya no funcionan. No tienen miedo de reconocer cuando se han equivocado o de abandonar un proyecto aunque hayan invertido mucho en él.

Para un polímata inteligente y curioso, nunca existe un estado final en el que la identidad sea inmutable, todas las preguntas hayan sido respondidas y la vida se detenga así como así. Por supuesto, defiende y honra sus valores, tiene sus preferencias, sus amores y sus hábitos, pero a diferencia de otros, regularmente cuestiona esos amores, preferencias y hábitos, y se cuestiona constantemente acerca de si algo está funcionando de manera óptima o si puede funcionar mejor.

Los polímatas no pierden el tiempo identificándose como alguien en particular, sino que consideran su identidad como una herramienta para hacer lo que quieren hacer. Es por eso que a menudo ves a personas verdaderamente exitosas que se alejan de los demás y que son etiquetadas como «genios». Esto muestra que sus esfuerzos no se dirigen a reforzar su ego, no se trata de quiénes son, sino de lo que hacen, lo que saben y lo que pueden aprender.

Experimental

Entonces, los polímatas son de mente abierta, curiosos y algo intrépidos. No se pueden definir fácilmente y les gusta que sea así.

Otro elemento de la cosmovisión del polímata que vale la pena recalcar es lo que puede denominarse como «mentalidad experimental». Existe una razón por la que tantos polímatas famosos a lo largo de la historia se han involucrado de una forma u otra con las llamadas «ciencias duras». Hay algo en el método científico que captura y moldea la curiosidad natural de un polímata. Los experimentos científicos plantean preguntas como:

«¿Cómo funciona el mundo?», «¿Por qué esto se comportó de esta manera y no de otra?», «¿Cómo puedo estudiarlo?», «¿Qué sucede si hago esto y qué me demuestra esto que hago sobre esta cosa sobre la que quiero saber?».

Aunque el pensamiento científico puede resultar más natural para algunas personas que para otras, siempre hay formas de fomentar y cultivar esta capacidad. Requiere de un cambio sutil pero sustancial en el pensamiento: no te limites a suponer algo, pruébalo. Todo el mundo hace afirmaciones sobre tales o cuales cosas, pero ¿tienes pruebas? No tienes certeza acerca de cómo resultará tal plan o idea, así que, ¿por qué no probarlo?

La experimentación es algo un poco más fácil de entender en términos de física o química, pero en realidad, realizar experimentos en todas las áreas de la vida redunda en innumerables beneficios. Uno de ellos es que, al pensar en su implementación práctica, puedes tomar cualquier idea hipotética y traerla al presente sin verte inhibido por la búsqueda del perfeccionismo.

Esperar el momento o la oportunidad perfecta a menudo significa que nunca actuarás ni aprenderás nada nuevo, pero si lo intentas, lo pruebas o le das una vuelta aunque aún no sea perfecto, avanzarás más que si te hubieras quedado pensando, holgazaneando y postergando.

Al experimentar se consiguen lo que todos los científicos quieren: datos de calidad. Puedes hablar hipotéticamente durante años y nunca tener nada tangible que mostrar. Probar cosas de verdad te da información que realmente puedes usar.

La experimentación ofrece la oportunidad de probar algo diferente y ver cómo funciona. Cuando conceptualizas tu desarrollo personal, los desafíos que enfrentas o los objetivos que persigues como si fueran experimentos, eliminas la presión y actúas antes. Muchos de nosotros vivimos rodeados de tantas suposiciones de las que podríamos librarnos con solo permitirnos la oportunidad de probar algo mejor.

La experimentación es una ventana para el cambio. Cuando intentas algo diferente, le estás diciendo al mundo: «Soy de mente abierta y tengo curiosidad conocer el resultado. Esto puede conducir a algo nuevo y mejor, ¡quién sabe!» ¿Has conocido a personas mayores que hablan con nostalgia de todo lo que pudieron haber hecho en su juventud pero no lo hicieron? Cuando experimentas, no te preguntas cómo podrían haber resultado las cosas, sino que las haces. En consecuencia, se abre una perspectiva completamente nueva de opciones y cambios potenciales para ti.

La palabra «experimento» sugiere algo formal, riguroso y que tiene lugar en un laboratorio. Pero los experimentos informales se pueden realizar todo el tiempo, en cualquier lugar y bajo tus propios términos. Si te sorprendes procrastinando, prueba con la actitud curiosa del científico polímata: conviértete en curioso y comprométete a probar algo. ¿Qué pasaría si probaras X o Y? No es el fin del mundo, apenas un modo de hacer preguntas. Adopta un nuevo pasatiempo o hábito durante treinta días. Come algo nuevo, aunque sospeches que no te gustará. Di «Sí» aunque no estés del todo seguro.

Salir de la cotidianidad mundana, y de los hábitos y rutinas ordinarias mediante experimentos significa abrir una ventana lo suficientemente grande como para permitirte preguntarte : «¿Y si hiciera algo diferente?». Es posible que después del experimento te sientas convencido del valor de un determinado curso de acción, o te demuestres a ti mismo que has hecho bien en poner todo de ti.

Ver resultados tangibles en un experimento pequeño produce una sensación de control sobre su mundo. Puedes hacer preguntas, obtener respuestas y comentarios, y hacer mejores preguntas la próxima vez. En otras palabras, puedes crecer y aprender.

Finalmente, si deseas hacer realidad el espíritu del pensamiento experimental en tu vida, debes sentar las bases para hacerlo posible. ¿Cómo? Fomentando un sentido abierto de seguridad en torno a la experimentación. Debes sentirte capaz de fracasar sin que ello signifique soportar consecuencias desastrosas o presiones insoportables.

Al igual que la creatividad, la curiosidad no puede prosperar en una atmósfera hostil o amenazante. Si percibes una amenaza, es probable que tu mente asuma una actitud conservadora de supervivencia en lugar de una actitud creativa de exploración expansiva y generosa. Si quieres seguir el ejemplo del polímata, deja espacio en tu vida para jugar, explorar y hacer preguntas sin sucumbir al juicio de tu crítico interno, a la presión de ser perfecto ni al temor de no lograrlo.

Empieza por cambiar tu propia definición de fracaso. No tiene sentido ser temeroso con el fracaso; de hecho, espera que suceda una y otra vez, pues el fracaso es parte del proceso.

En lugar de pensar que el fracaso es humillante, la prueba de que estás haciendo algo mal o, peor aún, que estás equivocado, considéralo una parte necesaria del aprendizaje y del crecimiento. Aprende a respetar el fracaso como parte del proceso, en lugar de una distracción. La mentalidad experimental, por encima de todo, es el compromiso de estar siempre experimentando: intentas algo, ves los resultados, te ajustas, vuelves a intentarlo. Y lo repites hasta el día de tu muerte.

Es más, cuando logras oponer pasión, curiosidad y resistencia frente al cambio y al «fracaso», algo nuevo comienza a suceder. Tu mente cambia lentamente y se interesa más en el proceso en sí que en el resultado final. Empieza a disfrutar del camino hacia la búsqueda de conocimiento, y no simplemente del premio que aguarda al final. Lo que muchos polímatas hacen sin que se les enseñe es «centrarse en el proceso y no en los resultados». Crean por el placer de crear. Resuelven problemas porque disfrutan de la experiencia de resolverlos.

Con el tiempo, el esfuerzo de pensar experimentalmente se puede internalizar y convertirse en un disfrute con el que te actualizas y reinventas. En otras palabras, aprender y evolucionar se convierte en algo natural. ¡Lo haces por diversión! Concéntrate en el proceso y casi ni te molestará el resultado, aunque se considere un «fracaso». Cuando tienes una actitud experimental y de mente abierta, siempre ganas, sin importar los resultados.

Principiante

La mentalidad de principiante, aunque se trate un novato o un aficionado en algo con lo que se ha estado familiarizado durante años, es extremadamente beneficiosa para ver el mundo como un lugar de aprendizaje donde desarrollarse continuamente y entender la necesidad de una mentalidad flexible. Por definición, un principiante está experimentando con algo nuevo y por ello intenta ser de mente abierta, independientemente de la motivación.

Los polímatas pueden parecer expertos multifacéticos, aunque esa descripción resulta inexacta. Un error común en relación a ser un «experto», incluso entre los mismos expertos, es que eso implica que ya no se tiene nada que aprender, pues se ha alcanzado el mayor grado de conocimiento posible en un área y cualquier insinuación sobre la posibilidad de que aún queda algo por aprender resulta casi insultante. Piensas, o sientes, que ya has trascendido todas las limitaciones y que ya no hay nada más arriba.

Por ello, simbólicamente, no hay mucha diferencia entre la mentalidad de un principiante y la de un experto, pues cuando alguien decide convertirse en un experto en cualquier tema, lo primero que tiene que aceptar es que nunca dejará de aprender sobre ese tema. Incluso mucho después de haberse establecido como una autoridad en el tema, seguirá aprendiendo y descubriendo cuánto no sabe aún. Un verdadero experto nunca deja de querer llenar esos vacíos. Por lo tanto, el experto y el principiante comparten una apertura a nuevos conocimientos y perspectivas.

La mentalidad del principiante se extrae del concepto budista zen «Shoshin», descrito como «poseer una actitud de apertura, entusiasmo y falta de ideas preconcebidas al estudiar un tema, incluso cuando se estudia a un nivel avanzado, tal como lo haría un principiante».

Cada vez que te encuentres frente a una situación nueva o incluso familiar, no importa lo avezado o astuto que te creas, reoriéntate para experimentarla como principiante. Líbrate de todas tus nociones o expectativas preconcebidas sobre la experiencia, trátala con curiosidad y asombro, como si la estuvieras viendo por primera vez.

A modo de ejemplo, imagina que ves una manada de cebras por la ventana de tu dormitorio, lo cual, muy probablemente, configuraría una situación novedosa para ti. Una vez superado tu asombro inicial, ¿cuáles serían tus primeras observaciones y preguntas? ¿Esta situación te recuerda algo con lo que ya está familiarizado o que tal vez hayas visto en alguna película? Intentarías darle sentido a la escena y construir una narrativa para entenderla. ¿Qué pasó antes y qué pasará después? ¿Qué detalles son sorprendentes o extraños más allá del primer vistazo? Sin duda, te centrarías en preguntas como «por qué» y «cómo», te sentirías abrumado de emociones y estímulos, tendrías muchas más preguntas que respuestas, y estarías obsesionado con averiguar los pormenores de tal hecho.

En otras palabras, te estás interesando en esa esta manada de cebras con genuino asombro. Por otro lado, ver un pájaro o una ardilla a través de la misma ventanas ciertamente no despertará el mismo interés ni curiosidad.

Supongamos otra situación, por ejemplo, aprender a tocar un instrumento. ¿Qué preguntas harías? ¿Por dónde empezarías? Al no saber qué es importante y qué no, todo te parecería significativo en un principio. Querrías conocer las características materiales del instrumento para evitar dañarlo, y luego indagar en sus características más generales. Lo verías con asombro y también con precaución por temor a cometer un error o romperlo. Tendrías tantas preguntas y tan pocas respuestas. No te olvidarías fácilmente de la primera impresión que te causó el instrumento.

Estos son los fundamentos de la mentalidad de un principiante. Cuando reprogramas tu mente para que sea una pizarra en blanco y actúas como si realmente no tuvieras conocimiento sobre algo, te involucras con más curiosidad, y el saber te llegará de manera mucho más sencilla que si actuaras como si ya tuvieras todas las respuestas.

Es importante enfatizar que la mentalidad del principiante polímata potencia la capacidad de hacer preguntas «tontas». Los llamados «expertos» suelen basarse en suposiciones y en sus propias experiencias, a menudo sin más investigación. Cuando te sientes cómodo haciendo preguntas tontas, evitas las suposiciones y el azar, y todo queda aclarado. Tanto los expertos como los polímatas pueden aun así tener zonas oscuras en su conocimiento acerca de algo debido a patrones con los que ya están familiarizados en otros campos, pero es posible que esos patrones no sean aplicables a situaciones nuevas.

Puedes abordar tanto situaciones nuevas como familiares aplicando este mismo principio. La próxima vez que conduzcas un automóvil, intenta darte cuenta de las cosas que haces de manera automática y dilas en voz alta. Al mismo tiempo, concéntrate en lo que sientes cuando estás al volante, en esas cosas que hace mucho dejaron de llamarte la atención: la forma del volante, el brillo del tablero o el sonido del aire acondicionado. Estos detalles insignificantes podrían desbloquearte y revelar algún nuevo elemento o impresión que no haya experimentado antes.

En general, la mentalidad del principiante requiere reducir la velocidad, dejar de lado las nociones preconcebidas y prestar atención a lo que se ha ignorado durante mucho tiempo.

Creencia

La creencia puede parecer simplista, pero no es algo que todos posean.

Los polímatas, ya sea por pura creencia o ignorancia de los obstáculos en su camino, creen que con tiempo, esfuerzo y energía, eventualmente alcanzarán su solución o meta. A menudo, este viaje implica ganar profundidad en el conocimiento y asumir la proverbial forma de pi. Y con aprender, mejorar o lograr cualquier objetivo, ya sea que te creas capaz o no, terminarás en el camino correcto.

Para ilustrarlo, recurrimos al corredor británico Sir Roger Bannister. Es posible que ese nombre no te resulte familiar a menos que sea un aficionado o un historiador del atletismo.

En 1954, Roger Bannister fue el primer hombre en romper la barrera de los cuatro minutos por milla, un récord de larga data que los atletas soñaban con romper, pero que no lograban superar.

Una milla son cuatro vueltas alrededor de una pista estándar. Esto significa que para romper el umbral de los cuatro minutos, un corredor necesitaría un ritmo de al menos sesenta segundos por vuelta, algo que se creía imposible. La idea de que un ser humano pudiera correr una milla en menos de cuatro minutos se consideraba una fantasía y los expertos afirmaban nadie lo lograría. Hay que recordar que esto fue hace décadas, cuando el atletismo competitivo moderno todavía estaba en su etapa inicial, en nada parecida al entrenamiento o la nutrición de que disponemos hoy. Estos atletas competían utilizando métodos absolutamente prehistóricos en comparación con las técnicas modernas.

El récord mundial por una milla estuvo estancado entre los 4:01 y 4:02 por más de una década, por lo que parecía haber algo de verdad en la creencia de que los humanos finalmente habían alcanzado su potencial físico. El récord se había ido bajando de manera constante hasta ese punto, a partir de los primeros Juegos Olímpicos modernos, en 1896, cuando el medallista dorado de los 1.500 metros ganó marcando un tiempo de 4:33, equivalente a una milla en 4:46.

Habíamos llegado lejos, pero tenía que haber un límite y parecía que lo habíamos alcanzado. Claro que en tiempos más modernos también han existido nociones similares de límites de las capacidades humanas, como la barrera de los diez segundos para los 100 metros de carrera. En aras de la comparación, el récord mundial de la milla a partir de 2020 es de 3 minutos 43 minutos 13 décimas y está en poder de Hicham El Guerrouj de Marruecos.

En los Juegos Olímpicos de Verano de Helsinki de 1952, Bannister terminó en cuarto lugar en la carrera de los 1.500 metros (la milla métrica), quedando afuera por poco de recibir una medalla. Motivado por su decepción, se fijó el objetivo de correr una milla en menos de cuatro minutos. Bannister, a diferencia de los demás corredores y expertos de la época, creía que era posible, así que entrenó con eso en mente. Para él no era cuestión de si alguna vez sucedería, sino de cuándo sucedería. El simple hecho de asumir que algo es una certeza, e incluso planificar lo que sucederá cuando lo superes, puede obligarte a comportarte de una manera drásticamente diferente.

En 1954, mientras estudiaba medicina, Bannister comenzó en serio a intentar romper el récord. Logró la hazaña el 6 de mayo, superando la marca por 0,6 segundos, con un tiempo de 3:59,4. Todos quedaron boquiabiertos y él pasó a ser considerado casi un superhumano. Fue nombrado caballero en 1975 y disfrutó de una larga vida representando al deporte británico tanto a nivel nacional como internacional. Todo esto lo logró mientras era médico y neurólogo.

Pero aquí es donde la fe entra realmente en la historia de Sir Roger Bannister y la milla de cuatro minutos. A los dos meses de haber superado la marca, un corredor australiano llamado John Landy rompió tanto la marca de los cuatro minutos como el récord mundial de Bannister. Al año siguiente, otros tres corredores también rompieron la marca de los cuatro minutos. La siguiente década vio a más de una docena de corredores romper la marca de los cuatro minutos que había bloqueado a los atletas durante años.

Ese es el poder de la fe. Solemos tener ideas preconcebidas sobre lo que es posible y lo que está fuera de nuestro alcance, y la mayoría de las veces, estas ideas solo sirven para imponernos límites. Nos inhibimos en función de lo que percibimos como posible o imposible, de los que somos capaces o incapaces de hacer o no, y de lo que suponemos que podemos o no llegar a ser.

Al no tener fe, te impones un límite arbitrario, te saboteas a ti mismo impidiéndote siquiera comenzar.

En los meses posteriores al logro de Bannister, no se produjo ningún cambio de tipo físico en los otros cuatro corredores. No les crecieron mágicamente los pies, ni les salieron alas, ni consumieron drogas para mejorar el rendimiento como podrían hacerlo los atletas de hoy. No alteraron sus hábitos o regímenes de entrenamiento. Lo que seguramente se produjo fue un cambio en su forma de pensar: estaban convencidos de que podían superar el umbral de los cuatro minutos, ¡y lo hicieron! Ese fue el único elemento que cambió.

Roger Bannister redefinió lo que era posible e inculcó la fe en los demás. Si Bannister no hubiera creído que su objetivo era alcanzable, habría sido feliz con un tiempo de 4:01 y vivido con arrepentimiento por el resto de su vida, viendo cómo John Landy era el primero en romper la marca de los cuatro minutos.

Los polímatas creen que pueden convertirse en expertos, creen que pueden sobresalir y creen que lo que desean lograr está a su alcance; de hecho, está solo momentáneamente fuera de su alcance, lo que los mantiene motivados para esforzarse y lograr más. Creen que los obstáculos pueden superarse y que ellos están en condiciones de perseverar sin importar cuán duras sean las barreras. Creen que el fracaso y la lucha son apenas paradas técnicas en el camino.

Esto nos lleva a nuestro último elemento de la mente polimática: la perseverancia.

Implacable

En última instancia, para convertirnos en verdaderos polímatas tendremos que ir más allá de lo que nos gusta, de aquello que disfrutamos y nos hace sentir cómodos. Esa es la naturaleza de lograr metas superiores. En el fondo, se trata de involucrarnos en algo que encontramos al menos un poco molesto o incómodo.

En otras palabras, no hay atajos ni trucos. En general, el éxito pertenece a aquellos que han dominado la capacidad de tolerar cierto grado de angustia e incertidumbre, y que pueden progresar en situaciones que requieren de un sacrificio al servicio de algo más grande que su placer inmediato.

El camino a la polimatía = sentirse incómodo.

Todos queremos crecer y triunfar, pero crecer es incómodo. Evolucionar es incierto y arriesgado, y requiere abandonar los placeres inmediatos y los viejos hábitos fáciles. Crecer y desarrollarse significa expandirse, arriesgarse, explorar. Las nuevas cosas no pueden ser hechas sin dejar atrás la seguridad de lo viejo. Y a veces el cambio implica dolor, ya que lo viejo muere y lo nuevo sigue siendo pequeño e incierto.

La autodisciplina no es necesaria para lo que es fácil en la vida. No hace falta ningún esfuerzo ni técnica especial para disfrutar de lo que ya disfrutamos. Pero si queremos acercarnos productivamente al resto de la vida, debemos desarrollar la autodisciplina para trabajar con las cosas que no disfrutamos. En lugar de pensar en el dolor, la incomodidad y la incertidumbre como obstáculos en nuestro camino hacia el placer y el éxito, debemos entender que son simplemente parte de la vida y que, si los manejamos bien, podemos desbloquear placeres aún mayores.

Existe una gran paradoja en aprender no solo a tolerar, sino a aceptar la incomodidad. Practicar la incomodidad no parece divertido y de hecho no lo es. Pero es una habilidad que producirá muchas más recompensas que el mero hecho de perseguir placeres fugaces o fantasías que mutan a cada momento.

Al poner en práctica la autodisciplina y la familiaridad con la incomodidad, aceptamos que la vida posee un número inevitable de sentimientos desagradables. Sabemos que al obtener una nueva perspectiva de las cosas que realmente no queremos hacer, en realidad creamos nuevas oportunidades de realización, de significado y de placer. La vida se vuelve más fácil, y nosotros nos volvemos más fuertes y más grandes que las pruebas y los problemas cotidianos que el mundo nos puede presentar.

Con la autodisciplina, nuestras expectativas se tornan más saludables y más acordes con la realidad. Nuestro trabajo se vuelve más enfocado y claro, y de ese modo podemos lograr mucho más. Sin embargo, la autodisciplina no es algo que simplemente decidimos querer tener, sino que es una práctica diaria en la que persistimos una y otra vez, en todo momento, y que estamos dispuestos a incorporar en el ámbito de nuestra experiencia de vida. En otras palabras, la autodisciplina es un hábito en un mundo donde lo más fácil es tomar el camino del menor esfuerzo o caer en la trampa de «triunfar sin intentar» tan frecuente a nuestro alrededor.

Al principio, puede parecer lógico perseguir el placer. Si se siente bien, debe ser bueno, ¿verdad? Pero si hay algo que sabemos con total certeza es que las cosas cambiarán, que tendremos que soportar sufrimiento en un momento u otro, y que estaremos incómodos y forzados a enfrentar cosas que desearíamos no tener que enfrentar. Si contamos con esta certeza, ¿no sería mejor, entonces, estar preparados en lugar de consumir nuestro tiempo persiguiendo metas deslumbrantes sin pensar en qué pasaría si esa meta no resulta tal lo planeado?

Aprender a tolerar la angustia, la incertidumbre, la duda y el riesgo cuando las cosas están bien (es decir, antes de que aquellas emociones te sean impuestas) te da la oportunidad de practicar y desarrollar tu disciplina para estar preparado ante futuras molestias. Sí, significa que caminar descalzo te hará sentir menos incómodo cuando debas caminar un día sin zapatos. Pero también significa que estarás menos apegado a la necesidad de usar zapatos, y te sentirás más capaz de tolerar y superar los desafíos. Esta es una actitud de empoderamiento. Es mirar los desafíos de la vida, decidir aceptarlos, y responder con dignidad y determinación.

Practicar la tolerancia es una «vacuna» contra futuras molestias en general. La adversidad seguirá molestándote, pero la superarás con la confianza de que no va a matarte. ¿Cómo podría matarte, si tras haberlo soportado todo te has hecho más fuerte?

Puedes concentrarte en maximizar el placer y en negarte a procesar el dolor, o puedes reconocer que la vida te dará grandes dosis de ambos, y si te preparas con madurez y sabiduría, aprenderás a mantener la calma y a las olas, confiando en haber desarrollado tu capacidad se superación.

Así que prepárate mientras todo sea fácil. No esperes a que la vida te obligue a aprender sus lecciones. Toma la iniciativa desarrollando la autodisciplina ahora mismo. El cambio es pequeño, pero tiene una gran influencia en cómo te acercas a ti mismo y a la vida en general. La idea es sencilla: siéntete más incómodo de lo que normalmente te sentirías, y date el regalo de la oportunidad de hacerte más fuerte.

A continuación, un fragmento de «Meditaciones», del filósofo y emperador romano Marco Aurelio, que ilustra lo que perdemos al rendirnos a la incomodidad y al no dar pasos hacia lo que realmente queremos en la vida:

«Al amanecer cuando tengas problemas para salir de la cama di: Tengo que ir a trabajar, como un ser humano. ¿De qué tengo que quejarme, si voy a hacer aquello para lo que nací, para lo que vine al mundo? ¿O es esto para lo que fui creado, para acurrucarme bajo las mantas y quedarme ahí?

—Pero se está bien aquí...

¿Así que naciste para sentirte "bien"? ¿En lugar de hacer cosas y experimentarlas? ¿No ves las plantas, los pájaros, las hormigas, las arañas y las abejas haciendo su trabajo y poniendo el mundo en orden lo mejor que pueden? ¿No estás dispuesto a hacer tu trabajo como ser humano? ¿Por qué no estás corriendo a hacer lo que tu naturaleza te demanda?

—Pero alguna vez tenemos que dormir...

De acuerdo. Pero la naturaleza puso un límite para eso, como lo hizo para comer y beber. Y te has pasado del límite. Ya has tenido más que suficiente. Pero no de trabajar. En eso todavía estás por debajo de tu cuota. No te amas lo suficiente. O también amarías tu naturaleza y lo que ella te exige. Las personas que aman lo que hacen se desgastan haciéndolo, incluso olvidan asearse o comer».

Los polímatas son aquellas personas que, en palabras de Marco Aurelio, «aman lo que hacen» y están dispuestos a soportar la incomodidad cuando, a la larga, hacerlo les permite alcanzar sus metas y llevar una vida plena.

Conclusiones:

- El corpus de conocimientos de que dispone un polímata puede diferir completamente de un polímata a otro, pero en su esencia son extremadamente similares. Esto se debe al impulso, la curiosidad y la apertura necesarios para adoptar la forma de pi o de peine, en vez de la forma de T. Por ejemplo, ¿te imaginas a Leonardo da Vinci enfrentando un problema con el que no estaba familiarizado y diciéndose a sí mismo: «Seguramente alguien lo resolverá, yo mejor me voy a tomar una siesta»? Probablemente no.

- El primer rasgo mental de un polímata es su extrema adaptabilidad y apertura. Cualquiera sea el obstáculo, se puede sortear. Se puede solucionar. Para lograrlo, debes incorporar un pensamiento flexible e ingenioso, y no sujetarte a convenciones o hábitos personales. Debes abrirte a nuevas perspectivas, a lo desconocido y a lo novedoso. Por ejemplo, ¿quién habrá sido la primera persona en mirar las ubres de una vaca y pensar que podría beberse lo que saliera de ellas?
- En segundo lugar, los polímatas viven experimentalmente. Esto no quiere decir que todo el tiempo estén realizando experimentos científicos tradicionales, sino que aplican el método científico analizando e investigando todo lo que encuentran. Se sienten seguros al

hacerlo y su objetivo es obtener información para saciar su curiosidad. Como si no pudieran evitarlo.

- En tercer lugar, los polímatas encarnan la mentalidad del principiante, mucho más útil que la mentalidad del experto. Cuando eres un principiante, tienes diez veces más preguntas que respuestas. Y eso es bueno. Te hace escuchar, cuestionar y profundizar. Los expertos suelen caer en la trampa de asumir que saben demasiado, lo que inevitablemente provoca lagunas de conocimiento. La mentalidad de principiante debe aplicarse en combinación con el pensamiento crítico y crear en conjunto un sistema sólido de indagación.
- En cuarto lugar, los polímatas creen en sí mismos. Independientemente de cuál sea su objetivo, están seguros de que lo alcanzarán. Existen muchas personas que a la hora de aprender se convierten en sus peores enemigos internos. Esto habla de algo aún más trascendental: la creencia en que tienen el control, y la capacidad de actuar y conquistar metas.

Esto significa considerar que la motivación tiene relación directa con el resultado, dentro de un marco de expectativas razonables. Uno no puede alcanzar una meta si primero no cree que es capaz de lograrla.

- Finalmente, los polímatas pueden ser descriptos como «implacables». ¿De qué otra manera sino, cuando se trata de personas con un conocimiento profundo en múltiples ámbitos? Ser implacable se puede definir como ser capaz de superar obstáculos a toda costa. Y, sin embargo, a menudo el único costo real es sentirse un poco incómodo. Los polímatas practican la autodisciplina al máximo, ya que comenzar desde cero, aun cuando se está profundamente interesado en un tema, resulta difícil y agotador. Pero eso es vida. Y sentirse cómodo con esa incertidumbre es una habilidad que te hará implacable en tu camino hacia el siguiente paso.

Capítulo 3. De novato a experto en 10 pasos

A estas alturas, es probable que ya no necesites más persuasión en cuanto a los beneficios de ser polímata. En cambio, es hora de centrar nuestra atención en la parte de este libro que explica el «cómo». ¿Cómo aprendes la habilidad que has elegido? ¿Cómo te sumerges de la forma más óptima en una nueva área de conocimiento? ¿Cómo expandes tus horizontes y das el primer paso hacia la polimatía?

En primer lugar, exploraremos los cuatro pasos básicos para estudiar un nuevo tema, y prepararnos para dominar el conocimiento y las habilidades que nos serán de mayor utilidad. Estos pasos son:

(1) La visión general, (2) Delimitar el alcance, (3) Definir el éxito, y (4) Recopilar recursos. Posteriormente, en cinco pasos subsiguientes, usaremos la delimitación y los recursos para crear y cumplir con un plan de estudio que nos permita aprender de la forma más eficiente. Por último, analizaremos un sistema de toma de notas que se desarrolla en cuatro partes y garantiza una comprensión mucho más profunda del tema a estudiar.

Paso 1: La visión general

El primer paso es profundizar en los conceptos básicos del tema seleccionado. Antes de estar en condiciones de instruirnos sobre un tema, necesitamos cierto grado de conocimiento básico sobre el mismo. El propósito principal de este paso es determinar el alcance y la complejidad del tema en cuestión. ¿Existen subtemas dentro del mismo? ¿Cuáles son los detalles que resultan absolutamente imprescindibles o las preparaciones que debemos llevar a cabo antes de intentar dominarlo? ¿Qué implica a ciencia cierta este tema o habilidad?

Establecer tu área de interés

Durante esta etapa, no es necesario realizar un estudio exhaustivo de nuestro tema, sino familiarizarnos con lo que queremos aprender. Por ejemplo, digamos que quieres aprender a programar. Antes de ponerse con ello, es necesario deducir lo que implica la programación, cuáles son los distintos métodos o lenguajes de programación, cómo se puede aprender más sobre los diversos sistemas de programación y los subtemas inherentes, etc. Durante este paso, es probable que descubras que el tema de tu elección, en este caso la programación, es muy extenso, y que lo que realmente te interesa es un lenguaje en particular (C++, Python, etc.).

El próximo paso consiste en delimitar tu objeto de estudio, pero esto implica tener suficiente comprensión del tema para discutirlo de forma clara y descubrir por ti mismo cuál es su verdadero alcance.

Tres preguntas importantes

Es momento de profundizar de forma más específica en el método a seguir para obtener esta visión general de tu área de interés. A tal fin, debes responder tres preguntas: (1) ¿De qué se trata? (2) ¿Qué tan extenso es? (3) ¿Cuál sería un buen punto de partida para intentar aprenderlo?

En cuanto a la primera pregunta, resulta necesario determinar cómo comenzar a aprender sobre el tema seleccionado. ¿Se trata de un tema básico que incluso un novato en la materia podría entender en cuestión de horas, o resulta demasiado complicado, como la física nuclear, para que un individuo sin capacitación alguna intente aprenderlo? ¿Qué tan extensa es la bibliografía sobre el tema, y qué tanto necesitas aprender para entender el tema de forma adecuada?

Es necesario dar respuesta a estos interrogantes antes de avanzar a la segunda pregunta, la cual, a su vez, nos dirige a una tercera pregunta relacionada con cómo delimitar el tema con el propósito de dominarlo. Por lo general, al principio elegimos temas amplios y ambiguos como la programación, solo para descubrir que nuestro interés se encuentra limitado a una sección específica de ese tema más amplio. Debemos determinar cuál es la parte constitutiva del tema que queremos aprender.

Durante esta etapa, nuestro objetivo principal es determinar con exactitud lo que conocemos y desconocemos sobre el tema seleccionado. Esto resulta indispensable, pues nos permitirá comenzar a reflexionar sobre aspectos como la delimitación, subtemas preferidos, etc. Esto haremos en el siguiente paso: determinar con exactitud lo que queremos aprender.

Si tienes dificultades para delimitar el objeto de estudio de acuerdo a los conceptos básicos relevantes para ti, hay varios consejos que podrían serte útiles. Primero, internet es una base de datos inestimable que aloja información sobre cualquier tema. Las páginas de Wikipedia, blogs independientes y los diversos libros que se encuentran disponibles de forma digital son fuentes que nos proporcionan distintas perspectivas. No es necesario concentrarse a fondo durante la lectura de estos recursos, una ojeada es más que suficiente. Lo único que tienes que hacer es responder las tres preguntas con el fin de tener una base para aprender el tema de tu elección. En este caso te interesa más la cantidad que la exhaustividad.

A continuación, se presenta un ejemplo que te brindará información adicional sobre esta iniciativa. Mi tema de estudio es el arte renacentista, y ejemplificaré una búsqueda rápida en Google para aprender sobre el mismo. Recuerda: el objetivo no es más que familiarizarte con los conceptos básicos. Primero, intentaré ubicar una buena descripción del arte renacentista, los distintos tipos de arte renacentista, y así sucesivamente.

Es más que probable que exista una página de Wikipedia sobre el arte renacentista, y este es siempre un buen punto de partida. Por lo general, estas páginas están llenas de detalles que explican el tema de forma exhaustiva. Sin embargo, incluso si la página dedicada a tu tema no cuenta con mucha información, al menos te brindará un resumen. En muchos casos, leer la página de Wikipedia de principio a fin cumplirá el propósito de introducirnos a cualquier tema.

Además de Wikipedia, también le daré un vistazo al resto de los enlaces generados por mi búsqueda en Google. Esto me ayudará a observar cómo personas de distintas inclinaciones y sectores demográficos discuten sobre el arte renacentista. Si no me siento satisfecho con la información obtenida de estos enlaces, podría consultar Amazon en busca de libros relacionados al tema e intentar obtener algo de información general de acuerdo a los resultados generados. Tanto Amazon como Google Books ofrecen una función de «vista previa» que permite a los lectores acceder a parte del libro sin necesidad de comprarlo.

Al completar el paso número 1, es probable que identifiques algunos aspectos de tu tema que no sean de tu interés y otros que te resulten de mayor utilidad. Esto nos lleva al siguiente paso de este proceso.

Paso 2: Delimitar el alcance

El segundo paso implica delimitar el alcance del tema seleccionado. Primero, seleccionamos un tema relativamente ambiguo e intentamos organizarlo de acuerdo a lo que realmente deseamos aprender. Tras completar el primer paso, es probable que hayamos llegado al subtema específico en el que queremos concentrarnos. Ahora, el segundo paso nos ayudará a determinar el alcance de este subtema previamente delimitado. En términos más sencillos, empezamos con algo grande, lo cortamos en trozos y seleccionamos el trozo que más nos guste.

Retomando nuestro ejemplo anterior de la programación, dividimos un tema extenso en lenguajes de programación específicos, y acordamos aprender uno o un grupo reducido de dichos lenguajes. Aprender con éxito todos y cada uno de los lenguajes de programación que existen sería complicado, pero concentrarnos en uno o dos nos brinda una oportunidad de éxito mucho mayor.

Deconstruir el tema

A los seres humanos les resulta más fácil cuando una tarea está dividida en sus partes constituyentes, para de ese modo abordarlas una por una. En este caso, necesitamos emplear la misma estrategia. El subtema que hemos elegido, al igual que el tema más amplio del que lo extraímos, puede llegar a ser demasiado extenso en sí mismo. Por ejemplo, si nuestro tema era la física y lo dividimos en física nuclear, física atómica, física clásica, etc., estos subtemas por sí solos podrían requerir de una eternidad para ser dominados.

Nuestro objetivo es deducir el alcance adecuado para nuestro tema, de manera que podamos comprenderlo en cuestión de unas semanas a un mes. Siempre existe la opción de tomar un tema amplio, por ejemplo, la física atómica, dividirlo en los subtemas más importantes y aprender cada uno de ellos sucesivamente. Sin embargo, para alcanzar un mayor grado de éxito en la tarea, necesitamos una comprensión realista y razonable de cuán fundamental resulta la física atómica para nuestro aprendizaje.

Suele ocurrir que cuando una persona intenta aprender algo nuevo, no considera el alcance en lo más mínimo. No reflexiona sobre la verdadera profundidad del tema, o cómo podría terminar de aprenderlo en un lapso de tiempo razonable. El resultado es que esta persona nunca cumple su objetivo. Te ayudaré a tener éxito en esta misión al priorizar la definición de un alcance apropiado que pueda ser aprendido dentro de un lapso de tiempo práctico. Dicho lapso también debería ser elegido de forma precisa para maximizar tu concentración en la tarea en cuestión.

Combinar la teoría y la práctica

A continuación, veremos cómo combinar la teoría y la práctica. Retomando nuestro ejemplo del arte renacentista, llegué a tres subdivisiones distintas dentro del tema. Puede que esto no coincida con la lista de subtemas que podría proponer un experto en la materia, pero mi propia investigación me llevó a delimitar el arte renacentista en función de artistas y movimientos en ciertos países, y analizar la forma en que convergen con el paso del tiempo.

Vale la pena recalcar la necesidad de seguir tu propio método para dividir los temas en partes pequeñas. Estás organizando la información para cumplir tus propios objetivos específicos, no basándote en el método de otro. No es necesario hacerlo a la perfección. A medida que obtengas más experiencia, aprenderás a clasificar la información de forma más eficiente mediante técnicas que otras personas han empleado para el mismo fin.

La razón principal detrás de la delimitación del alcance es evitar sentirse abrumado. Nuestra tarea durante este paso no es más que definir los conceptos básicos que necesitamos aprender para comprender el tema de nuestra elección. Inicialmente, comenzamos con un subtema amplio, el arte renacentista, y ahora hemos determinado cuál es el tipo específico de arte que queremos aprender, el arte renacentista italiano.

Paso 3: Definir el éxito

Una lección crucial que la vida me ha enseñado es que si no tienes claro a dónde vas, lo más probable es que jamás llegues a destino. Si quieres ser exitoso, tienes que definir qué es el éxito antes de ser capaz de alcanzarlo. Es por ello que en el tercer paso necesitamos aprender a definir el éxito. Para este paso, necesitamos establecer un objetivo y unos criterios cuantificables sobre el éxito, que nos permitirán saber con precisión matemática si lo hemos alcanzado. Usaremos estos criterios para determinar si hemos cumplido con el objetivo de dominar el tema que queríamos aprender.

Definir y cuantificar el éxito

La mejor forma de completar este paso con efectividad es reflexionando sobre el motivo que te impulsa a aprender el tema de tu elección. ¿Hay alguna tarea o función en particular que te gustaría ser capaz de hacer al aprender dicho tema? Por ejemplo, supongamos que quieres aprender sobre fotografía digital. En tal caso, tu objetivo podría ser algo como «Aprenderé a hacer retratos profesionales y a usar las configuraciones manuales de la cámara mediante un uso apropiado de la iluminación».

Tanto el objetivo de aprender fotografía digital como los de usar las configuraciones manuales y manipular la iluminación son válidos. Con el propósito de lograr un dominio absoluto de la fotografía digital, tendrías que aprender sobre todos los subtemas inherentes, y de acuerdo a tu motivación de estudiar fotografía digital, podría resultar muy satisfactorio lograr tal resultado mediante tu experiencia de aprendizaje. El punto más importante a recordar es tener un objetivo claramente definido cuyo cumplimiento pueda ser cuantificado mediante los criterios que hayas determinado previamente. Desde un punto de vista ideal, tu objetivo debería ser aprender algo que traiga beneficios prácticos, pues usar tu nueva habilidad reforzará tu proceso de aprendizaje en general, facilitándote la retención del conocimiento que has acumulado.

Un ejemplo

Tal como hemos hecho anteriormente, ahora observaremos un ejemplo específico sobre cómo definir el éxito. En mi caso, tomé la iniciativa de aprender sobre el arte renacentista. Posteriormente, delimité el alcance y llegué a un subtema específico: el arte renacentista italiano. A continuación, determinaré lo que implica haber aprendido sobre el arte renacentista italiano, o cuáles son los criterios para cumplir con esta tarea de forma exitosa. A tal fin, usaré una línea con espacios en blanco que servirá de plantilla: Habré aprendido __ cuando __.

En este caso, concluiré que he aprendido lo suficiente sobre el arte del Renacimiento italiano cuando pueda caminar por el Museo Uffizi en Florencia, Italia, y hacerme pasar como guía turístico. O cuando pueda apuntarme en un curso en línea sobre el arte renacentista italiano, saltarme todas las clases y aun así aprobar el examen final. O, finalmente, cuando esté en condiciones de leer los cinco artículos principales de Wikipedia sobre arte renacentista italiano y no aprender nada nuevo.

Ahora que tengo algunas impresiones básicas de cuál parece ser mi objetivo final y cuál es el camino para llegar a él, puedo trabajar en retrospectiva para alcanzar mi objetivo. El propósito del paso 3 es definir cuáles son estos pasos y, a su vez, utilizarlos para determinar qué queremos aprender.

Paso 4: Recopilar recursos

Permíteme describir la forma incorrecta en que la mayoría de la gente intenta aprender un tema. Yo también he cometido el error de usarlo. Se trata de visitar la librería más cercana o buscar en Amazon un libro sobre el tema elegido, y luego leer ese libro de principio a fin. La razón por la que este es un método menos que ideal es porque un libro inevitablemente falla al encapsular las diversas perspectivas sobre un tema dado.

Para tomar un ejemplo de la escuela, ¿alguna vez ha escrito algún informe sobre un libro citando solo una fuente en la bibliografía? ¿Lograste convencer a tu maestro? Probablemente no hayas aprobado el trabajo, pues citar solo una fuente una implica presentar un solo punto de vista. Y aun así, seguimos confiando en fuentes únicas para aprender sobre temas que son relevantes para nuestra vida profesional. Con el objetivo de ayudarte a evitar este error, el paso 4 trata sobre cómo encontrar recursos.

Recopilar recursos correctamente

En este paso, debemos recopilar todos los recursos y materiales que podamos sobre nuestro tema sin filtrarlos. Dada la cantidad y diversidad de los medios utilizados para compartir información, es aconsejable que consideres detenidamente tu método de preferencia para proceder con esta recopilación, para que te permita pensar de manera innovadora. Como es de suponer, es probable que los libros sean los recursos más adecuados. Puedes conseguir encontrar algunos libros a través de

Amazon, pero también considera medios como blogs y cursos, entre otros.

También hay otras formas de reunir material. Quizás tengas un amigo o un conocido que esté familiarizado con el tema elegido. Puedes solicitar el consejo de alguien experto en el área de tu interés. Puedes escuchar *podcasts* y hurgar en artículos de revistas. Estas son solo algunas ideas para localizar material, pues el objetivo de este paso es encontrar recursos. Aquí es necesario aplicar un filtrado mínimo, para no recopilar recursos que, en última instancia, resulten ineficaces. Sin embargo, la prioridad es maximizar la cantidad de buenos recursos disponibles.

Para aclarar este punto, comenzaré mi búsqueda de material sobre el arte del Renacimiento italiano. Mi punto de partida será Amazon, porque en general los libros ofrecen información adecuada para aprender un tema. Analizaremos los resultados una vez que realicemos una búsqueda de rutina sobre el tema en cuestión. En mi experimento, si bien descubrí algunos libros, solo uno parecía pertinente a la hora de crear arte renacentista, pero estaba agotado y tenía un precio exorbitante.

Después de Amazon, Google es nuestra próxima base de datos a consultar. La búsqueda de las palabras clave produce una enorme lista de tutoriales sobre el tema. Tras evaluar las opciones disponibles, crearé una carpeta de marcadores en la que guardaré los enlaces que considere relevantes. No saco conclusiones en base a leer o consultar este contenido, sino que lo considero un recurso útil sin aplicar una filtración consciente. En otras palabras, estoy buscando tantos recursos como pueda encontrar.

Luego de mi búsqueda en Google, navegaré por Facebook y Twitter para localizar historiadores u organizaciones que pudieran resultarme útiles en algún momento. Podría contactarlos para pedirles consejos sobre cómo abordar el tema, o usarlos como un recurso si tengo dificultades durante mi aprendizaje.

Paso 5: Crear un plan de estudio

En los últimos cuatro pasos, hemos seleccionado un tema general, lo hemos circunscripto a un alcance razonable y hemos definido los criterios que deben cumplirse para dominar el tema elegido. Incluso hemos recopilado algunos recursos con el fin de apoyar el proceso. El paso 5 te enseñará a crear un plan de estudio. Esto es similar a crear un esquema de lo que se desea aprender. Para completar este paso, debe tomar los subtemas que ha elegido y dividirlos en partes aún más pequeñas.

El papel de los módulos en un plan de estudio

Para mayor claridad, llamaremos "módulos" a estas subsecciones. Cada módulo es un subtema particular dentro del alcance limitado que se ha definido, o podría considerarse como un paso en sí mismo. En tu plan, debes determinar los diferentes subtemas a cubrir. Prosiguiendo con nuestro ejemplo, el arte del Renacimiento italiano, y la secuencia en que debemos aprenderlo.

Una buena manera para orientarse es analizar la «Tabla de contenido» de libros, videos o blogs que se han elegido anteriormente. Esto te enseñará cómo otros han segmentado el tema que has elegido. Puedes tomar prestada su estructura y ver cómo va convergiendo y superponiéndose. Como ejercicio, observa si diez autores diferentes han desglosado su tema de la misma manera. Si es así, deberías seguir esa misma estructura en tu plan de estudio.

Al final de este paso, deberías haber recopilado una variedad de módulos que luego deben ordenarse adecuadamente. Estos módulos deben basarse en los elementos esenciales que necesitas aprender para comprender el tema elegido. Basándote en aquellos diez autores diferentes, podrás tener una idea de qué perspectivas sobre el tema se incluyen con menos frecuencia, lo que probablemente implique que también son menos populares y en consecuencia quizás debas prestarles menos atención.

Paso 6: Filtrar, filtrar y filtrar

Por lo general, hay una gran multiplicidad de recursos disponibles sobre un tema determinado y no tenemos tiempo para examinarlos todos. Intentar leer cada libro, publicación de blog o artículo sobre un solo tema está destinado a fracasar. Esto nos lleva al paso 6, que es aprender a filtrar nuestros recursos. En este paso, nuestro objetivo principal es podar nuestra colección de materiales para preservar solo lo mejor y evitar sentirnos abrumados por todo lo que hemos recopilado.

Debido a que no filtramos ningún recurso en el paso 4, no hay posibilidad de que se nos escape una buena fuente, de ese modos maximizamos nuestras posibilidades para nuestro plan de estudio. Saber lo que queremos aprender, junto con el plan de estudio que creemos, será crucial para filtrar nuestros recursos. Esto también te ayudará financieramente, ya que no necesitarás comprar diez libros para aprender sobre un solo tema. A cambio, es más beneficioso elegir uno o dos de los mejores libros.

Puedes elegir en función de si los libros se corresponden con los módulos que diseñaste en tu plan de estudio, o buscando capítulos específicos dentro de esos libros que cumplan con esa función. La parte más importante de este paso es repasar todo el material cuidadosa y eficientemente para seleccionar los mejores. Idealmente, cuantos menos recursos, mejor.

Elegir los mejores recursos

Ahora, cambiemos de rumbo y olvidemos por un momento el arte renacentista.

Supongamos que quiero aprender filosofía, que ya he agregado una lista de recursos relativos al tema. Los libros de filosofía que encontré en Amazon no ayudaban a mi propósito principal, sin embargo hallé bueno material en forma de publicaciones en blogs y artículos en internet. También encontré cursos y tutoriales de filosofía, y a continuación los revisaré para determinar cuáles son los mejores.

No necesito revisar todos y cada uno de los materiales que recopilé, puedo hacer seleccionarlos basándome en los que me parece más adecuados. Recuerda, nuestro objetivo tanto organizar estos recursos de manera efectiva para rescatar los mejores, como reducir el costo de comprar por demás. La falta de libros simplifica en gran medida nuestra tarea. Si bien tenemos los tutoriales y los cursos a los que recurrir, tendré que echar un vistazo en Google para descubrir algunos recursos más.

Uno de los tópicos filosóficos en los que me interesa indagar es en la formulación de argumentos. Si realizo una búsqueda superficial sobre cómo argumentar, seguramente descubriré algunos artículos relevantes sobre el tema. Aunque se supone que no debemos sumar recursos en este momento, es aceptable romper un poco las reglas en este sentido. Inevitablemente, iremos descubriendo nuevos recursos conforme aprendamos. El objetivo es tener un conjunto básico de recursos y estoy seguro de que entre los recursos que conservaré se encuentra la larga lista de tutoriales que descubrí sobre argumentación y filosofía. También conservaré algunos de los artículos que leí antes.

Mi intuición sugiere suponer que entre los tutoriales y los artículos que he seleccionado tengo suficiente material para aprender a fondo sobre la argumentación filosófica. Sin embargo, si tu conjunto de recursos incluye libros, deberás realizar un esfuerzo adicional para determinar cuáles son los más adecuados para tu objetivo. También consideraré ponerme en contacto con algunos amigos que se especializaron en filosofía o buscar a algunos filósofos contemporáneos en Twitter. Su consejo será un gran recurso en sí mismo.

Otro aspecto que es crucial recordar acerca de este paso es que, aunque hayas comenzado con un gran caudal recursos y los hayas reducido a lo esencial, por ejemplo, a unos pocos libros, no es necesario que los leas todos. Solo leer algunos capítulos puede resultar suficiente para obtener la información más relevante. El propósito de seleccionar material es aprender sobre un tema específico, no asimila toda la información recabada.

Leer o repasar absolutamente todo el material no necesariamente te ayudará más que un aprendizaje selectivo. De hecho, aquello solo logrará demorarte considerablemente. El tiempo es una variable significativa a considerar a lo largo de este proceso, y por ello es importante ceñirse a la información que está explícitamente relacionada con el contenido de nuestros módulos.

Paso 7: Sumergirse

En los pasos 7 al 10, debemos aplicar cada uno de los pasos a cada módulo individual de nuestro plan de estudio. Una vez que hayas comprendido estos pasos, aplícalos a cada módulo sucesivo hasta haber completado tu plan de estudio.

El paso 7 implica entender con algo de suficiencia el subtema o módulo, para luego comprenderlo más ampliamente. En términos sencillos significa que, independientemente del módulo, debes haber logrado incorporar algo de información básica antes de intentar aprenderlo con más profundidad.

Supongamos que se quiere aprender sobre la argumentación en filosofía. En este caso, se querrá saber qué es una premisa, una conclusión y un silogismo. Estos son los componentes básicos de una argumentación. Aquí, lo crucial es no ser demasiado específico, ya que solo necesitamos información elemental para comenzar. El siguiente paso nos otorga más libertad para enfocar el aprendizaje, ya que allí intentaremos aprender cosas por nuestra cuenta.

Por lo tanto, el propósito de este paso es adquirir familiaridad con un módulo en particular para poder explorarlo de manera independiente en el siguiente paso. En este paso debes detenerte el tiempo mínimo necesario para comenzar a aprender sobre un módulo.

Demostrando el paso 7

Para demostrar este paso, tomaré el ejemplo de mi primer módulo en el plan de estudio que creé para aprender filosofía, que consiste en saber cómo elaborar argumentos lógicamente válidos. Mi principal preocupación aquí es cubrir los componentes básicos de un argumento sólido. Solo necesito información para comprender en qué consiste un argumento válido y las diferentes formas en que se puede estructurar. Más tarde, puedo explorar estas diferentes formas y componentes para elegir mis métodos de argumentación preferidos.

Para empezar, volveré a buscar sobre argumentación filosófica. Esto inevitablemente me llevará a los tutoriales que descubrí anteriormente, algunos de los cuales revisaré. Dentro de los distintos tutoriales, intentaré observar las diferentes formas en que estas guías construyen un argumento válido y por qué eligen un método en particular.

Una pregunta común es «¿Por dónde empiezo?», la cual supone el mejor modo de aproximarse a la argumentación, nuestro objetivo. La mayoría de los tutoriales describen algunos conceptos básicos para aprender a argumentar, que cualquiera puede comprender. Los recursos que consultamos en esta etapa son totalmente gratuitos, un factor que no afecta su calidad como guías de enseñanza.

Como ya se mencionó, esas guías enumeran algunos conceptos básicos con los que familiarizarnos para comprender de qué se trata la argumentación. Mientras escucho o leo, tomaré nota de los conceptos que crea más relevantes para mi módulo.

También analizaré algunos de los otros recursos que agregué para observar cómo recomiendan comenzar el proceso de aprendizaje de la argumentación. A continuación, me pondré en contacto con algunos amigos o conocidos que estén más familiarizados con el tema y les preguntaré qué métodos aprendieron y cuál es la mejor forma de entender la argumentación de una manera sencilla.

Aquí, mi objetivo es entender los conceptos básicos de la argumentación para estar preparado para el siguiente paso. No estoy aprendiendo a construir un argumento válido en este momento, sino que simplemente quiero saber de qué consta un argumento sólido y así poder explorar los distintos métodos en el siguiente paso.

Paso 8: Exploración

Como se mencionó anteriormente, este paso implica una exploración independiente. De hecho, el paso 8 se llama cariñosamente "jugar". El objetivo principal es simplemente explorar en función de tus instintos sin intentar lograr ningún propósito en particular. Esta experimentación es obviamente con respecto al módulo en particular en el que te estás enfocando.

Si tus módulos se enfocan en algún tema orientado a la tecnología, entonces este paso tal vez sea más fácil de completar, ya que simplemente tendrás que jugar con un *software* diferente. Si se trata del uso de *software* o programas, tu principal objetivo es familiarizarte con estas herramientas para comprender las formas en que funcionan.

Si su tema es algo menos tangible y más teórico, como por ejemplo la historia o la filosofía, aquí debes reflexionar sobre qué deseas aprender exactamente y luego formular algunas hipótesis sobre cómo se manifiestan esos conceptos o procesos, y sobre cuál es la mejor forma para empezar a aprenderlos.

¿Por qué «jugar»?

El objetivo fundamental de este paso es estimular nuestra mente para que empiece a formular las preguntas adecuadas sobre nuestros módulos. Estas preguntas serán el resultado más importante de este paso. En el siguiente paso, cuando procedamos a conocer el contenido de nuestro módulo, intentaremos responder estas preguntas.

A tu mente le resulta más fácil recordar información en forma de preguntas y respuestas, que en forma de texto o datos. Es por eso que en el paso anterior nos limitamos a recopilar la información más básica de nuestros módulos, porque no queremos comenzar a aprender sobre un tema sin haber formulado las preguntas adecuadas.

Esto hace de este paso un momento crítico dentro del conjunto del proceso. Habiendo dicho esto, lo importante es «jugar». No hay algo en particular que debas recordar al formular estas preguntas. La idea es explorar hasta que tu mente desarrolle orgánicamente algunas preguntas sobre el módulo en el que te estás enfocando.

Experimentar con la argumentación

En este punto, necesito jugar con algunos de los conceptos básicos de la argumentación filosófica, aprendidos en el paso anterior. Estos conceptos están circunscriptos a aquellos que consideré esenciales en función de la frecuencia con la que aparecieron en mis recursos.

Esto significa que debo formular algunas hipótesis sobre cómo construir un argumento válido basado en el conocimiento básico que he acumulado. Si todo marcha bien, para cuando haya reflexionado lo suficiente sobre este tema, tendré algunas preguntas que serán respondidas por los artículos y tutoriales que seleccioné.

En el paso anterior, aprendí qué es una premisa y qué una conclusión, dos de los componentes esenciales de un argumento. Ahora, mi objetivo es comprender cómo combinar estos elementos para formar un argumento sólido. Intuitivamente, esto no parece muy difícil. Si tengo un conjunto de premisas, o suposiciones, sobre un tema en particular, debo usarlas para sacar alguna conclusión a la que apuntan esas premisas.

Tres formas de explorar un módulo

Supongamos que mi premisa es que el cielo está nublado y que el pronóstico para hoy es de lluvia. Mi conclusión, basada en que la nubosidad implica probabilidad de lluvia y en el pronóstico de lluvia por una red meteorológica, ha de ser que hoy lloverá. Aunque esto parece ser de orden intuitivo, no puedo estar seguro de que la estructura de este argumento sea realmente válida.

Sin embargo, después de jugar con los conceptos de premisa y conclusión, puedo proponer diferentes tipos de argumentos. Luego, una pregunta podría ser por qué un tipo de argumento es válido y otro no, algo que un artículo o tutorial sobre este tema deberían estar en condiciones de responder.

Otra forma de jugar con estos conceptos sería intentar obtener premisas de una conclusión dada. Tomando el mismo ejemplo, si asumo que hoy lloverá, ¿qué premisas o información necesito para que esa conclusión sea cierta? Algunos ejemplos son el pronóstico de lluvia de la red meteorológica, la nubosidad, la época del año, etc. Si bien esto también parece intuitivamente acertado, es estructuralmente bastante diferente del argumento anterior. ¿Cuál es válido, si no ambos?

Como he demostrado, exploré las diferentes formas en que puedo usar los conceptos de premisa y conclusión para formular un argumento válido. Otra forma posible de hacer esto es establecer una conclusión usando algunas premisas, y luego usar esa conclusión como premisa para derivar en una segunda conclusión.

Entonces, si he deducido a partir de algunas premisas que hoy lloverá, puedo usar esa conclusión para crear otra, a saber, que podría tener que cancelar mis planes para hoy. Al parecer, estas tres formas de argumentar son de hecho válidas. En el siguiente paso, cuando realmente aprenda las formas válidas de construir un argumento, las entenderé más fácilmente gracias a que se me ocurrieron algunos ejemplos por mi propia cuenta.

Este juego también me llevará a formular algunas preguntas, como qué forma de argumentar es válida, cuál es la mejor manera de ordenar premisas y conclusiones, etc. Estas preguntas deben surgir orgánicamente de un proceso de experimentación y de juego. Es por eso que solo se necesita lo básico para explorar, y las preguntas surgirán rápidamente.

Paso 9: Clarificación

Hasta ahora, ha obtenido información básica sobre el módulo en cuestión. También ha realizado algunos experimentos. Por tanto, este paso implicará un aprendizaje concreto. Si bien ya aprendimos algo sobre cómo comenzar, ahora obtendremos información práctica sobre nuestro módulo. Este paso también implica responder las preguntas que surgieron en el paso anterior. Si estuviste explorando o jugando con *software* u otras herramientas tecnológicas, es probable que tenga varias preguntas, ya que no has recibido ninguna orientación.

En este paso, intentarás responder al menos algunas de estas preguntas, si no todas. Para ello, debes volver a revisar los recursos que has seleccionado y utilizarlos para, en primer lugar, responder a todas las preguntas que se te han ocurrido y, en segundo lugar, para adquirir el mayor conocimiento posible. Continúa con este proceso hasta que creas que has aprendido lo suficiente sobre este módulo específico.

Equilibrio entre teoría y práctica

Aquí es recomendable ir y venir entre aprender cosas nuevas y aplicarlas de manera práctica para reforzar los conocimientos recién adquiridos. En mi experiencia, he descubierto que cada vez que intento aprender algo nuevo, especialmente cuando está relacionado con la tecnología, soy más productivo cuando divido mi tiempo entre el aprendizaje y la aplicación práctica. Aunque esto depende en gran medida de lo que esté aprendiendo, resulta útil descubrir formas para poner en práctica lo que se está aprendiendo. Esto ayuda a desarrollar habilidades de manera natural y a aprender más rápido.

Contestando tus preguntas

En esta sección, demostraré cómo implementar este paso en el ejemplo que hemos estado mencionando sobre la construcción de argumentos lógicamente válidos en relación al tema de la filosofía. Primero, necesito revisar todos los recursos que reuní. Recordarás que en el paso anterior tomé solo dos conceptos básicos, premisa y conclusión, y jugué con las diversas formas en que podía ordenarlos para que presentaran un argumento sin saber realmente si era válido. Ahora, después de revisar mis recursos, he tratado de comprender qué métodos de argumentación son de hecho sólidos y las ventajas o desventajas de utilizar un método sobre otro.

Esto me hizo volver a mi primer experimento, en el que tomé algunas premisas y formé una conclusión a partir de ellas. Este método de argumentación recibe el nombre de «razonamiento deductivo» y es la forma de argumentación más confiable. Por lo tanto, volví a mis recursos y mejoré mi conocimiento sobre el tema lo mejor que pude junto con la forma correcta de formar un argumento «deductivo».

Será útil recordar que mi objetivo principal aquí es aprender a construir argumentos válidos para la conversación diaria. Si no puedo usar la argumentación deductiva de manera intuitiva, la razón para aprenderla deja de existir.

Como has observado, se me ocurrió la argumentación deductiva por mi cuenta, pero resultó ser un método legítimamente válido de argumentación. Este proceso te ayudará a menudo a aprender cosas por ti mismo, simplemente mediante la experimentación o el ensayo y error.

En este paso, me esforcé por aprender sobre el razonamiento deductivo y realicé algunas búsquedas en Google con ese fin. En consecuencia, estudié las diferentes formas de orientar premisa y conclusión dentro del módulo de razonamiento deductivo. Gracias a ello, ahora puedo formular conclusiones lógicas a partir de cualquier conjunto de datos. Por ejemplo, si me dicen que alguien es honesto y que cumple sus promesas, se deduce que es probable que la persona sea digna de confianza.

Lo que hice fue esencialmente explorar todos los diferentes métodos de argumentación y luego aprendí todo lo que pude sobre el razonamiento deductivo para comprender cómo construir argumentos lógicamente válidos. Obviamente, todavía no he dominado el razonamiento deductivo. Aún no he construido ningún argumento complejo, pero puedo continuar con el aprendizaje, ya que he comprendido con éxito los conceptos básicos.

Como mencioné con anterioridad, este proceso variará considerablemente según la naturaleza de su tema y módulo. Sin embargo, lo importante a tener en cuenta es intentar descubrir algunas aplicaciones prácticas de su conocimiento y adquirir algo de destreza para reforzar todo lo que se ha aprendido, hasta que creas que realmente has comprendido tu módulo.

Paso 10: Enseñar

Llegamos al paso final y más importante de este proceso. Según mi experiencia, lo más probable es que se ignore este paso. Si estás leyendo este paso, te ruego que continúes haciéndolo, porque resultará invaluable para tu aprendizaje. Nunca es suficiente la insistencia en este punto. Se trata de enseñar a otros. En otras palabras, el objetivo principal de este paso es hacer un balance de todo el conocimiento que hemos adquirido y enseñárselo a otra persona.

Esto puede adoptar diversas formas. La enseñanza no implica necesariamente que debas compilar una serie de videos o escribir publicaciones en un blog. Este paso puede ser tan simple como conversar con alguien y describir lo que has aprendido. Puedes conversar con tu cónyuge, un amigo o un conocido. Lo importante es reunir toda la información aprendida e intentar articularla en palabras más simples que puedan ser comprendidas por alguien que no esté familiarizado con el tema.

Este paso obligará a tu mente a organizar tu conocimiento para que pueda utilizarse de manera más práctica. La importancia de este paso radica en el hecho de que cuando intentas reorganizar y transmitir toda la información que tienes, inevitablemente descubrirás lagunas en tu comprensión que te obligarán a revisar otra vez el material. También llevará tu conocimiento a un nivel más profundo, debido a la enorme diferencia que hay entre recitarlo y comprenderlo lo suficiente como para poder explicárselo a otra persona.

Métodos de enseñanza

Aquí tengo algunas sugerencias. Mi primera sugerencia es compilar un video de YouTube sobre su tema general. Alternativamente, puedes crear una presentación o una publicación de blog. Si ninguno de estos te parece agradable o adecuado, puedes escribir la información adquirida en forma de capítulo de un libro o algo similar.

O, como ya he dicho antes, puedes entablar una conversación con alguien. Independientemente del método que emplees, lo fundamental es seguir este paso, ya que reforzará todo lo que has aprendido hasta el momento. Obligará a tu mente a adoptar nuevas perspectivas sobre tu tema y articularlo de manera que te ayude a recordarlo y a usarlo eficientemente. Antes de intentar enseñar un tema en particular, es probable que apenas dispongas de una comprensión superficial del mismo. Sin embargo, una vez que le has enseñado algo a otra persona, tu comprensión de ese tema se profundiza enormemente.

Conclusión

Esto nos conduce a la conclusión de nuestro último paso. El siguiente paso es repetir los pasos 7 a 10 para cada módulo de tu plan de estudio hasta completar todos y cada uno de ellos. Para ahorrar el tiempo dedicado a hacer referencia repetidamente a estos pasos, aquí hay un truco simple para recordarlos. Primero, recopilamos información básica para comenzar con un módulo, experimentamos y exploramos las ideas que tenemos, luego procedemos a un aprendizaje concreto, y finalmente enseñamos nuestro conocimiento a otra persona. Una regla nemotécnica para este proceso es AJAE: Aprender, Jugar,

Aprender, Enseñar (del original en inglés *LPLT: learn, play, learn, teach*). Repite este mantra en cada módulo de tu plan de estudio.

Antes de proceder a enseñar, también puedes repetir el ciclo de Aprender, Jugar y Aprender varias veces. Esto puede resultar tentador para algunos módulos que son más extensos y que contienen tangentes interesantes que vale la pena seguir. Es perfectamente aceptable aprender un poco más antes de seguir adelante. Una vez que creas que has aprendido lo suficiente, usa esa información para explorar y luego aplicar tus conocimientos de manera práctica, y para responder cualquier pregunta que puedas haber considerado previamente.

La característica distintiva de este proceso de aprendizaje es que utiliza tu propia curiosidad como motivación para el aprendizaje. Esto explica por qué primero aprendemos apenas lo suficiente como para empezar, pues hacerlo despierta nuestra curiosidad y nos anima a ir más allá. También explica por qué experimentamos y planteamos nuestras propias preguntas. Por último, explica por qué volvemos a esas preguntas para poder darles respuesta. Así, explotamos nuestra propia curiosidad por aprender.

Es imperativo recordar el paso final, que es Enseñar. La enseñanza es crucial para lograr una comprensión profunda del tema, desafiar tu comprensión y fortalecerla aún más.

El poder de las notas

Este método combina lo mejor que he encontrado, en un sistema más completo y útil. Las notas son fundamentales en cada paso, porque se convierten en un segundo cerebro al que referirse, y donde organizar y revisar la información.

Te recomiendo cuatro pasos para tomar notas que te permitan una comprensión profunda de tu tema de estudio. Mi método requiere más trabajo que la toma de notas habitual, pero en parte esa es la razón por la que resulta más efectivo (lo siento, no proporciono atajos en este libro, solo enfoques que considero más inteligentes).

En lugar de que la toma de notas sea un acto breve y pasivo, mi estrategia obliga a resaltar los puntos clave del tema y a extraer la información más importante para ti, en tus propias palabras. Te permite procesar y elaborar la información de una manera confiable y sistemática, para que aprender y retener información sea infinitamente más fácil.

Los cuatro pasos son: (1) tomar notas con tantos detalles como sea posible, (2) resumir la información en tus propias palabras, aclarando el significado y anotando preguntas, (3) conectar esta información en particular con la lección en general, y (4) responder las preguntas restantes y luego resumir cada página o sección nuevamente.

El primer paso de mi método es tomar notas como lo harías normalmente. Copia la información útil al ver el material, **pero deja dos líneas en blanco debajo de cada nota**. Estas líneas te darán espacio para procesar y analizar la información en el segundo y tercer paso. Para una retención máxima, es mejor participar en estos pasos posteriores inmediatamente después de terminar la clase, el video o la lectura. De este modo, el primer paso consiste en hacer lo que harías normalmente, con el mayor detalle posible.

Por ejemplo, si estuvieras investigando los hábitos alimenticios del rey Enrique VIII, podrías escribir (la siguiente es información inventada con fines ilustrativos): «El rey Enrique y su corte consumían hasta veinte tipos diferentes de carne en una sola comida. Servir menos se consideraba un insulto para los nobles de la época. También se servían verduras y vino, pero la atención se centraba en la carne, ya que se consideraba un signo de riqueza y estatus».

Segundo paso: Una vez que haya tomado tus primeras notas, pasarás a lo que realmente diferencia mi método de otras formas de tomar notas. Comienza en la segunda línea de cada nota, donde dejaste el espacio, y resume en una oración lo que escribiste en el paso uno. Al hacerlo, es importante que no te limites a repetir la nota inicial, incluso aunque hayas tomado notas de una sola oración. Usando tus propias palabras, es esencial convertir la nota en un lenguaje que te ayude a comprender el significado. Idealmente, puedes procurar un nivel más profundo de comprensión. Busca hacer conexiones y establecer relaciones al interior de la información.

Esto no se aplica a todos los datos, pero hazlo de todos modos. ¿Por qué? Porque si bien puede parecer redundante, la repetición en sí también ayuda a fijar el conocimiento. Repetir la información con tus propias palabras, y en una oración nueva y coherente, requiere procesar la información y trabajar su significado, lo que lo afianzará más profundamente en tu mente.

Al reformular la información de nuestro ejemplo anterior, se podría escribir: «La dieta de Enrique VIII estaba compuesta principalmente por carne. En aquella época, los ricos y nobles se sentían insultados cuando se les ofrecía poca variedad. El vino y las verduras no importaban mucho».

En la segunda línea de tus notas, también puedes enumerar cualquier pregunta que tengas sobre las notas tomadas en el paso uno, como aclaraciones o lagunas que creas necesario mencionar para lograr un panorama más completo. Antes de pasar al siguiente paso de mi método, reflexiona sobre las dirección que podría tomar esta información y lo que eso significa. Ya sea que puedas o no puedas responderlo, considerar el tema de manera lo suficientemente profunda como para formular una pregunta te ayudará a recordar los hechos.

Las preguntas que podrías hacer sobre la dieta de Enrique VIII son: «¿Cuáles era los efectos en la salud con una dieta tan rica en proteínas?», «¿Cuántas personas participaban en el procesamiento diario de tanta carne y cómo lo llevaban a cabo?», «¿Qué comían los campesinos por su parte?» o «¿Qué era lo que otros nobles de otras culturas o países consideraban de alto estatus?».

Use un resaltador, un bolígrafo o un lápiz de diferente color para resaltar esta sección, ya que esta es la información real que has extraído de tu procesamiento mental a partir del primer paso. En realidad, es poco probable que alguna vez vuelvas a consultar lo que produjo en el primer paso.

Paso tres: En la tercera línea, la última línea en blanco que dejaste para ti, indica cualquier conexión que detectes entre el tema de esa nota y el tema general que estás estudiando. Si percibes que el contenido de tu nota tiene algún tipo de relación de causa y efecto con el tema general, escríbelo aquí.

Si esta nueva información te ayuda a comprender los factores motivadores, conectar sucesos, o suponer las perspectiva o percepciones de las personas, escríbelo aquí también. Todo cuanto puedas hacer para establecer conexiones marginales con información relacionada debe anotarse aquí para que los enlaces, y por lo tanto la información original, puedan convertirse en habitantes permanentes de tu memoria.

La regla general es preguntarse cómo encaja la información y por qué es importante. Siguiendo nuestro ejemplo, supón que el tema general es sobre la vida y el legado de Enrique VIII. ¿Por qué es importante la información sobre su dieta y sus hábitos alimenticios?

Entonces, aquí podrías notar que la dieta de la realeza contrastaba drásticamente con las dietas de los campesinos, compuestas principalmente de frutas, verduras y granos que ellos mismos cultivaban. Quizás esto llevó al odio y posterior ejecución de Enrique por parte de sus súbditos. También puede notar que comidas tan abundantes y opulentas probablemente contribuyeran a la célebre obesidad de Enrique VIII. Finalmente, también puede ver que este tipo de opulencia era un signo de cuán absurdamente rica era la nobleza en aquel momento. O tal vez se trate de apenas de una anécdota interesante para ilustrar su desmesura.

Descubre cómo la información contribuye a una narrativa o historia general. Considéralo un factor vital en lugar de un hecho inerte.

Paso cuatro: El paso final de mi método es tomar un descanso en cada página, capítulo o fragmento que consideres oportuno, para escribir un resumen de la información. También asegúrate de abordar las preguntas que has escrito en el segundo paso, si aún continúan vigentes.

El paso final crea una cuarta oportunidad para revisar, sintetizar y transformar la información. La mayoría de las personas suelen revisar la información una vez, pero de este modos tú lo has hecho cuatro veces y de cuatro formas diferentes. Decir que esto es útil sería quedarse corto. El trabajo mental contribuirá en gran medida a asegurarse de que realmente recuerdes y comprendas los hechos que estás aprendiendo y las implicaciones que conlleva esa información. Esto no solo te ayuda a comprender la información, sino también a aplicar y manipular esa información si es necesario.

Para terminar tus notas sobre la dieta de Enrique VIII, podrías escribir: «La corte de Enrique VIII solía consumir diez tipos de carne con cada comida. Este consumo de carne era inusual para la época, ya que la mayor parte de la población no podía pagarla y solo consumía frutas, verduras y granos que cultivaban por sí mismos. Esta puede ser la razón por la que Enrique VIII y los miembros de la corte eran obesos. Me pregunto cómo consiguieron tanta carne y qué otros efectos sobre la salud resultaron de esta dieta. ¿Qué efecto tuvo esta desmesura en la percepción que su gente tenía de él?».

Como puedes ver, mi método merece prestarle atención y dedicarle tiempo. Cuando tomamos notas, no solo estamos registrando información, sino que allanamos el terreno mental para comprender esta información en todo momento. Esta es nuestra oportunidad de obtener una primera impresión precisa y completa, por lo que no podemos estropearla tomando con notas de manera regular. El método conduce a un conjunto mejor integrado de conocimientos más profundos, y eso es lo que logra que la información se mantenga.

Conclusiones:

- Me permito suponer que no necesitas mucho más para convencerte de ser un polímata. En lugar de insistir en los «por qué», puedes preguntarte «cómo» convertirte en polímata. Esto implicará expandir tu mente y comenzar desde cero en al menos una nueva disciplina o ámbito de conocimiento. Será un proceso tedioso, agotador y frustrante. Pero lo será menos si tienes un plan adecuado.

- En consecuencia, arribamos a un proceso de 10 pasos para aprender un nuevo tema desde cero. En realidad, el título de cada paso es bastante descriptivo del proceso en sí:
    o Obtén una visión general amplia.
    o Reduce el alcance de tu conocimiento o habilidad deseada.
    o Define lo que significa el éxito para ti y trabaja en la dirección inversa para establecer un plan de ataque.
    o Recopila recursos o material, priorizando la cantidad.
    o Crea un plan de estudios basado en todos los recursos recopilados.

- Filtra y selecciona los recursos en función de lo que deseas lograr.
- Sumérgete en la información.
- Una vez que hayas adquirido una comprensión básica de todo, explora, juega y descubre los límites de tu comprensión con preguntas.
- Responde las preguntas del paso anterior y establece las conexiones faltantes.
- Enseña lo aprendido a otra persona para consolidar tu comprensión acerca del tema, y también como un espejo para ver lo que aún no comprendes del todo.

• Algo que no se menciona a lo largo de este proceso pero que está presente todo el tiempo son las notas. Las notas funcionan como un segundo cerebro. En ellas se escriben los descubrimientos, se establecen conexiones, y se revisa y sintetiza la información. Si se organizan y optimizan correctamente, las notas pueden convertirse en la estructura misma de su nuevo conjunto de conocimientos o habilidades nuevas. Aunque eso dependerá de otros factores. Finalmente, llegamos a un método especial de cuatro pasos para tomar notas. No es sencillo, pero esa es precisamente la idea.

- Los cuatro pasos son: (1) tomar notas de manera normal con tantos detalles como sea posible, (2) resumir la información con tus propias palabras, aclarando el significado y anotando preguntas, (3) conectar esa información particular con el tema general, y (4) responder las preguntas restantes y luego resumir cada página o sección distinta nuevamente.

Capítulo 4. Descubrimiento intencional

A estas alturas, ya debería resultar claro que lo que distingue a un polímata de una persona inteligente no es su corpus de conocimientos o habilidades, sino la actitud que sostiene frente a él. Si estás interesado en ampliar tus aptitudes, resulta natural la formulación de esta pregunta: «¿Qué debería aprender?». La respuesta es obvia: depende de tus objetivos.

Si has decidido diversificar tu conjunto de aptitudes con el propósito de ampliar tus posibilidades en el mercado laboral, o convertirte en un mejor emprendedor u hombre de negocios, la sola formulación de esa pregunta te permitirá ampliar tu perspectiva y abrir tu mente más allá de lo que figura en la descripción del puesto o empleo.

Inspírate en quienes admiras, enfócate en aquellos trabajos en los que estás interesado, y pregúntate qué conocimientos o habilidades podrían requerir. Un buen punto de partida son aquellas áreas del conocimiento social que ya están asociadas a tu profesión, como la oratoria, la administración del tiempo, el liderazgo y todo aquello que promueva el pensamiento crítico.

Puede también que solo tengas interés en la erudición por sí misma, con el único objetivo de ampliar tu caudal de conocimiento más allá de su utilidad práctica en el mercado laboral o en cualquier otro universo, por el simple hecho de verte a ti mismo como un proyecto a desarrollar y engrandecer, entendiendo tu potencial y aceptando tus limitaciones.

Entonces, ¿por dónde comenzar? Un buen comienzo es reconocer tu propio capital conformado por tus aptitudes, conocimientos, experiencias y los rasgos característicos de tu personalidad. ¿Qué tienes tú que los demás no tienen? ¿Qué te convierte en un ser único en relación al resto de las personas? ¿Cuáles son aquellas convicciones, ideas, intereses y pasiones que te han permitido sortear las dificultades de la vida? Ese capital vale oro y es la base sobre la que cultivar tus aptitudes futuras.

Supongamos que eres muy bueno con las matemáticas y las ciencias duras, te llevas bien con la tecnología, y tienes facilidad para la ingeniería, la mecánica y los juegos de estrategia. Todas ellas son características asombrosas, pero pueden configurar un perfil desbalanceado. Por ejemplo, puede que al mismo tiempo seas algo descuidado con tu aspecto físico, lleves una vida social, espiritual o emocional pobre, seas un ignorante en cuestiones artísticas y no poseas habilidades culinarias básicas.

Esto no quiere decir que las personas que poseen ciertas aptitudes, resulten necesariamente ineptas en las áreas "antagónicas". De hecho, ese es un mito fácilmente refutable a partir de la existencia de los polímatas, que prueba que los seres humanos pueden ser idóneos en múltiples áreas al mismo tiempo. Pero con el fin de ilustrar nuestro ejemplo, imaginemos el clásico estereotipo del "bueno en matemáticas". Para convertirse en una persona más completa, debería voluntariamente proponerse conquistar aquellos desafíos que pertenecen a un universo al que él naturalmente no pertenece.

Esto requiere aceptar ser un principiante y atreverse a salir de la zona de confort, incluso a riesgo de cambiar como persona. En nuestro ejemplo, podríamos mencionar un infinito abanico de posibilidades, como aprender a bailar o a pintar con acuarelas, o leer las obras completas de Jung, todas ellas opciones que podrían ofrecer un balance vital a sus aptitudes naturales.

Claro está que todas esas habilidades no son estrictamente "antagónicas", sino que es nuestra estrechez de mente la que insiste en mostrárnoslas como categorías inconexas. Por el contrario, el secreto de la erudición es saber hallar la conexión entre todas ellas. La naturaleza no está dividida en disciplinas académicas, y resulta maravilloso darse cuenta de que las ciencias duras y blandas pueden no ser consideradas como compartimentos estancos totalmente separados en el mundo fenomenológico que vivimos.

Esta es la razón por la cual muchos científicos brillantes se han interesado profundamente por el budismo, la psicodelia, los grandes poetas o incluso se han convertido en religiosos devotos. En vez de oponer su interés científico al interés espiritual, han mejorado ambos.

De igual modo, una persona con inclinación natural por las artes, puede descubrir un valor inconmensurable en el desarrollo del aspecto lógico y matemático de su cerebro mediante el acercamiento científico o el aprendizaje del ajedrez, por ejemplo. No se trata de que las personas mejoren por el solo hecho de incursionar en tal o cual actividad, sino que cuantas más actividades exploren, podrán establecer conexiones mejores y más creativas entre ellas.

Tampoco se trata de la materia específica, sino de su riqueza, diversidad y capacidad de interconexión. En vez de pensar cuánto puedes aprender, pregúntate cuánto puedes integrar. Todos los grandes pensadores han desarrollado su propia "Teoría del todo". Cuando logras combinar elementos que aparentan estar apenas vinculados, descubres que el espacio entre ellos es el campo donde vive la creatividad. Suele decirse que "no hay nada nuevo bajo el sol", sin embargo, no hay límites para lo que puedes hacer con lo que ya existe.

Einstein y el Juego combinatorio

Sorprendentemente, aunque tal vez no tanto, el científico más notable del Siglo XX era conocido por tomarse el tiempo, en medio de sus investigaciones, para tocar el violín. Al hacerlo, Einstein estaba combinando lo duro con lo blando.

Según se dice, era muy bueno con el instrumento, tal como también lo era con el piano. Y fue rasgando las cuerdas de su violín que Einstein arribó a algunas de sus formulaciones físicas y filosóficas más importantes. Suele afirmarse que uno de aquellos recreos musicales resultó ser la chispa para su famosa ecuación: E=mc2.

Einstein inventó el término "Juego combinatorio" para describir el proceso intangible mediante el cual sus pasatiempos favoritos le permitían producir ideas que revolucionaban el conjunto del pensamiento científico. Explicó su pensamiento tanto como pudo en una carta escrita en 1945, dirigida al matemático francés Jacques S. Hadamard:

«Estimado colega:

A continuación, intentaré responder brevemente a sus preguntas tanto como sea capaz. No estoy satisfecho con las respuestas y estoy dispuesto a responder más preguntas si usted cree que podría resultar de alguna utilidad para el muy interesante y difícil trabajo que ha emprendido.

(A) Las palabras o el lenguaje, tal y como se escriben o hablan, no parecen jugar ningún papel en mi mecanismo de pensamiento. Las entidades psíquicas que parecen servir como elementos en el pensamiento son determinados signos e imágenes más o menos claras que pueden ser reproducidas y combinadas «voluntariamente».

Existe, por supuesto, cierta conexión entre esos elementos y conceptos lógicos relevantes. Es también claro que el deseo de llegar finalmente a conceptos relacionados de manera lógica constituye la base emocional de este juego algo vago con los elementos antes mencionados. Pero desde un punto de vista psicológico, este juego combinatorio parece ser el rasgo esencial del pensamiento productivo, antes de que exista conexión alguna con una construcción lógica expresada en palabras u otros tipos de signos que pueda ser comunicada a otros.

(B) Los elementos antes mencionados son, en mi caso, de tipo visual y algo muscular. Busco laboriosamente palabras convencionales u otros signos solamente en un estadio secundario, cuando el juego asociativo mencionado está suficientemente establecido y puede ser reproducido a voluntad.

(C) De acuerdo con lo que se ha dicho, el juego con los elementos mencionados pretende ser análogo a ciertas conexiones lógicas que uno está buscando.

(D) Visual y motor. En el nivel en el que las palabras intervienen de alguna forma, ellas son, en mi caso, puramente auditivas, pero solo interfieren en un nivel secundario como ya he mencionado.

(E) Me parece que lo que usted llama conciencia completa es un caso límite que puede ser alcanzado completamente. Esto parece estar relacionado con el hecho denominado estrechez de la conciencia *(Enge des Bewusstseins)*».

Einstein parecía creer que satisfacer sus tendencias creativas ayudaba a sus propósitos lógicos y racionales. Permitirse distraerse le resultaba útil para lograr distintas perspectivas y visualizar los problemas desde diferentes ángulos. Probablemente, esto esté relacionado con lo visto en un capítulo anterior acerca del efecto Medici, que sostiene que la fusión de diferentes disciplinas conduce inevitablemente a nuevos descubrimientos.

De hecho, el juego combinatorio no es solo la noción de que "jugar" transporta la mente a un mundo distinto que reorganizar.

Reconoce, tal como hizo Einstein, que tomar elementos de distintas disciplinas del conocimiento y combinarlos en nuevos contextos, es lo que suele dar lugar a la creatividad. Einstein notó que había algo en la acción de tocar el violín que lo ayudaba a pensar en la física de una manera completamente novedosa.

La enseñanza que aquí se pretende transmitir es que debes comprometerte con tus propios objetivos y no recluirte en tu disciplina o áreas afines por creer que solo ellas pueden ayudarte. Siempre existen paralelismos entre las diferentes disciplinas, así que encuéntralos. Más de lo mismo no te ayudará, en cambio sí lo hará una pizca de algo distinto.

Apilamiento

Gracias a las herramientas en línea y la conectividad del mundo moderno, aprender y convertirse en polímata es, de algún modo, más fácil que antes.

Por ello, aun si eres un gran idóneo en determinada área, existen muchas probabilidades de que alguien más lo sea también. La competencia no ha parado de crecer con los años. Si alguien evaluara tus habilidades en un área específica en comparación con otra persona con tus mismas aptitudes, quizás no pudiera decidir por qué elegirte a ti y no a la otra persona (y vice versa).

Este capítulo está dedicado a en qué centrar tus esfuerzos.

No es inteligente establecer tu valor o mérito personal en base a una única aptitud. Por definición, solo el 1 por ciento de las personas está en el 1 por ciento superior de cualquier área (en efecto es así, lo he corroborado). El 1 por ciento de los mejores jugadores de la NBA (la Asociación Nacional de Básquet de los Estados Unidos) es apenas una fracción muy selecta del total de jugadores de la liga, y una muy pequeña fracción de la población mundial. Es casi imposible pertenecer a ese 1 por ciento. El 99 por ciento de la NBA está conformado por jugadores que no son LeBron James ni Stephen Curry, y sin embargo no les va nada mal. Aunque no sean los mejores pagos ni los más reconocidos.

En otras palabras, tú no estarás dentro de ese 1 por ciento. ¿Entonces qué?

¿Cómo te diferencias de alguien con características similares a las tuyas, y logras destacarte? En vez de pretender distinguirte a partir de una improbabilidad estadística, una solución es el apilamiento de aptitudes. Créase o no, este concepto tiene origen, al menos parcialmente, en las historietas que seguramente habrás leído en el periódico.

El apilamiento de aptitudes fue popularizado por Scott Adams, creador de Dilbert, una de las historietas más populares y citadas de la historia editorial. La idea detrás del apilamiento de aptitudes es que, si bien resulta admirable la competencia extrema en una habilidad, lo cierto es que es poco probable. A su vez, es mucho más efectivo poseer altas competencias en múltiples áreas que funcionan bien en conjunto.

En vez de desvivirte por llegar a pertenecer al 1 por ciento superior de determinada habilidad, intenta ser parte de entre el 5 y el 15 por ciento de tres o cuatro aptitudes. Es la diferencia entre fantasear con ser Mozart, versus ser un músico de estudio capaz de ejecutar cuatro instrumentos a la vez. No todos pueden ser Mozart, pero es muchísimo más probable ser capaz de tocar cuatro instrumentos.

Adams apela a sí mismo como un apropiado ejemplo del apilamiento de aptitudes en una profesión. Él sabe que no está dentro del 1 por ciento de ninguna habilidad específica. Dilbert —una tira cómica ambientada en una oficina, con divertidos giros basados en los clichés del mundo empresarial— fue publicada en sesenta y cinco países. Se estima que Adams posee una fortuna de 75 millones de dólares, cuya mayor parte proviene de Dilbert, incluyendo licencias y mercadotecnia. En una época, casi todas las oficinas en Estados Unidos exhibían al menos un "Dilbertismo" sobre alguno de sus escritorios de trabajo, para reafirmar que habían entendido la ironía. Por lo tanto, si Adams no es un valor extremo atípico en ninguna disciplina en particular, ¿cómo logró tal nivel de éxito?

No es el dibujante de historietas más talentoso, sus personajes son en gran parte figuras dibujadas con líneas simples que se diferencian apenas por sus peinados o narices. Puede que no sean artísticos en sí, pero son agradables a la vista y está claro que son efectivos. Situémoslo en el 10 por ciento superior de las habilidades artísticas.

No es un experto de alto nivel en negocios, pero sí fue a la escuela de negocios en la Universidad de California, Berkeley, así que pongámoslo en el 5 por ciento superior en este rubro.

No es necesariamente una de las personas más divertidas del mundo y nunca ha intentado ser comediante ni nada similar. Sin embargo, su tira cómica es lo suficientemente divertida e ingeniosa como para ser distribuida internacionalmente y ha resultado eficaz durante años, así que ubiquémoslo también en el 5 por ciento superior en este aspecto.

«Al sumar mis habilidades comerciales ordinarias, mi sólida ética de trabajo, mi tolerancia al riesgo y mi razonablemente bueno sentido del humor, resulto ser bastante singular. Y en este caso, esa singularidad tiene valor comercial», afirmó una vez Adams. Si no te convence Adams como ejemplo, no tienes más que buscar el estudio de Boston Consulting Group de 2017, que encontró que las empresas que presentaban un conjunto más diverso de habilidades y antecedentes producían un 19 por ciento más de ingresos.

Esa es la esencia del apilamiento de aptitudes. Solo debes reajustar tus objetivos. No te obsesiones con estar en el 1 por ciento superior, a cambio intenta ubicarte en un porcentaje más amplio dentro del campo de algunas habilidades (por ejemplo entre el 5 y el 15 por ciento), preferiblemente aquellas que mejoren al interrelacionarse. Aprovecha las habilidades y los rasgos que ya tienes dentro de niveles medio o alto, y combínalos para tomar ventaja. Adams combinó su comprensión empresarial superior a la media, su sentido del humor y sus habilidades artísticas para crear un personaje de historietas único y económicamente viable (y Dilbert ni siquiera parece tener ojos).

Por lo general, se considera que el éxito es resultado de poseer una gran competencia en una sola habilidad y, en ciertos casos, es necesario un costo de oportunidad o un sacrificio. La mayoría de los estudiantes de medicina tienen que elegir un campo en el que especializarse (no verás muchos dentistas que también sean podólogos). Lo mismo ocurre con los deportistas, que priorizan convertirse en el mejor atleta dentro de un campo específico, como el baloncesto, el fútbol, el golf, excluyendo las demás disciplinas. Excepto en casos extremadamente raros como los de Deion Sanders y Bo Jackson, no existen muchos antecedentes de atletas que hayan logrado convertirse en superestrellas en dos deportes diferentes (ni siquiera Michael Jordan pudo con el béisbol profesional).

Sin embargo, esto sí es posible en casi todas las demás actividades y, por lo tanto, resulta deseable contar con un alto nivel de competencia en una serie de habilidades. La acumulación o apilamiento de aptitudes organiza tus múltiples habilidades y te hacen único frente a los demás. Combinando tu talento individual ordinario y aprendiendo habilidades adicionales, te conviertes en una persona singular que nadie más puede igualar. Esto es inmensamente valioso en el mercado laboral e insustituible a nivel social y personal.

El apilamiento de aptitudes te lleva a mirar la realidad y lo que la transforma. Por ejemplo, ¿qué te aportaría estar en el 5 por ciento superior en una sola habilidad? Quizás obtuvieras algunos elogios, no mucho más. En la parte superior de cada campo residen todas aquellas personas que se encuentran dentro del 5 por ciento superior, por lo que no llamarás la atención. Podrías intentar meterte en el 1 por ciento superior, pero si realmente tuvieras esa posibilidad no estarías leyendo este libro (a menos que estuvieras embelesado con mi prosa exquisita).

Esto significa que debes encontrar más formas para ser competitivo, que solo depender del desarrollo de una única aptitud. Entrar en el 1 por ciento superior de una determinada habilidad es casi imposible (aunque siempre vale la pena intentarlo). Estar en el 5 por ciento superior de una habilidad es genial, pero una vez que llegas a niveles tan altos donde compartes con tanta población capacitada, no resultas realmente tan notable pues estás rodeado de personas similares.

Por lo tanto, llegamos nuevamente a la conclusión de que lo que más puede distinguirte es ubicarte en el 10-15 por ciento superior de tres o cuatro habilidades diferentes. Tener un gran talento especializado es una cosa, pero ¿qué tal ser muy bueno en un amplio espectro de habilidades que nadie más posee?

La dulce ventaja de al 10-15 por ciento superior en áreas diferentes, es que no resulta tan difícil como llegar al 1 por ciento superior de una sola área. El 1 por ciento superior puede llevar años o incluso décadas de práctica. Sin embargo, entrar en el 10-15 por ciento superior no requiere mucho más que conquistar ciertas metas de aprendizaje, práctica, ejecución y repetición. Leyendo un par de libros sobre el tema ya estarás mejor informado que el 95 por ciento de la población.

Tomemos lo que por razones obvias es mi ejemplo favorito: escribir. Hay muchos escritores talentosos. El 1 por ciento superior será publicado sin importar qué escriba, pues la calidad está fuera de debate debido a su talento.

Ahora consideremos el 5 por ciento superior: siguen siendo buenos escritores, pero nunca se volverán populares porque no son tan buenos como el 1 por ciento superior.

Pero, ¿qué pasa si alguien en ese 5 por ciento también sabe codificar un poco de HTML y maneja redes sociales? Esta persona puede no solo escribir frases floridas, sino también crearse un blog. Además, con su conocimiento sobre cómo publicitar algo en las redes sociales, puede generar interés y abrir un mercado global para su trabajo. Si a todo esto le añade una pizca de conocimiento empresarial, podrá replicar este proceso para atraer a más lectores, producir más escritos y, en última instancia, aumentar sus ingresos por los libros.

Así que ese escritor puede estar solo en el 5 por ciento superior de todos los escritores, pero debido a sus habilidades especializadas al servicio de la publicidad de su trabajo, se las arregla para que su obra se publique, ganar lectores y, teóricamente, dinero. Con total franqueza, hay escritores que apenas están en el 25 por ciento superior de todos los escritores, y que están ganando buenos ingresos gracias a que pueden diversificarse y desarrollar un apilamiento de aptitudes.

Apilar estratégicamente

Lo mejor de una pila de aptitudes es que es muy probable que ya tengas una. Quizás no has pensado en ello todavía, o no has sido capaz de reconocerla.

El primer paso para definir tu pila de aptitudes es asegurarte de tener habilidades que funcionen como contrapartes y se complementen entre sí en miras a un objetivo específico. Por ejemplo, es fácil ver cómo escribir, hablar en público y actuar pueden crear una combinación potente. Ser un chef competente, un empresario inteligente y un comunicador capaz pueden ser los ingredientes suficientes para abrir un restaurante exitoso.

Por el contrario, ser un buen orador, un guitarrista decente y un buen chef quizás solo te lleve a ser un mesero apenas mejor que el promedio, y te aleje de tu sueño del restaurante propio. Y si eres un rápido mecanógrafo, bailas claqué y sabes pelar verduras, pues, es posible que no encuentres muchas abiertas, excepto tal vez la administración de un circo.

Las aptitudes que apiles o acumules no deben ser demasiado aleatorias. Debes tener tres o cuatro habilidades en campos relacionados o compatibles. Si puedes dominar esas habilidades interconectadas, tu valor podría aumentar mucho más que si simplemente te quedaras con lo que "naturalmente" te haces bien.

Para llegar al núcleo de tu pila de aptitudes, realiza una autoevaluación simple haciéndose estas preguntas:

¿En qué industria estás o quieres estar?¿Cuál es tu situación laboral actual y/o la situación laboral con la que sueñas?

En esa industria, ¿en qué áreas las personas compiten entre sí? ¿Qué es lo que absolutamente todo el mundo en ese campo de interés tiene que hacer en un nivel básico? ¿Qué les hará destacarse? Estas son las habilidades sobre las que se basa el negocio o el esfuerzo, aquellas sobre las que los superiores siempre juzgarán a sus empleados a diario.

Si se encuentra en el 5 por ciento superior de esas habilidades, es encomiable. Pero todavía hay otros como tú y algunos que teóricamente son mejores que tú, por lo que estar en el 5 por ciento superior no es suficiente. Por lo tanto...

Dado que todos tienen esas habilidades, ¿qué nuevas habilidades puedes adquirir? Esta es tu «especialidad», el talento (o mejor aún, los dos o tres talentos) adicionales que posees que te distinguen de los demás. Lo más probable es que esta habilidad sea algo que has desarrollado en otro entorno, y no específicamente para este trabajo o tarea, y es la que puede inclinar la balanza a tu favor. Echa un vistazo a los mejores en el área, o en áreas relacionadas, para tener una pista si no estás seguro de qué paso dar aquí.

Digamos que quieres ser corredor de bolsa.

¿En qué áreas los corredores de bolsa se distinguen de los demás y compiten entre sí? Los corredores de bolsa tienen que ser buenos para comunicarse y calcular. Eso corre para el 100 por ciento de los corredores de bolsa. Pero seamos más razonables y digamos que solo el 75 por ciento de ellos son buenos en eso. Obviamente, eso no es suficiente para inclinar la contratación a tu favor.

Entonces, ¿qué nuevas habilidades puedes aprender que te separen de los demás? Dado que la economía global está superconectada, un corredor de bolsa podría engrosar su portafolio (juego de palabras mediante) aprendiendo un idioma extranjero de otra superpotencia económica, como China o Alemania.

Algunos estudios dicen que el 50 por ciento de la población mundial es bilingüe. A mí esto me suena un poco exagerado, pero supongamos que es verdad. Se distinguirá de al menos la mitad de los demás corredores de bolsa al poder hablar un idioma diferente. Y cada nuevo idioma que aprendas mejorará aún más ese porcentaje. Digamos que un idioma adicional lo coloca en el 20 por ciento superior de todos los corredores de bolsa.

Además, dado que la biotecnología es una de las categorías más observadas en el mercado de valores, un corredor de bolsa con un conocimiento más profundo de la medicina y el cuerpo humano podría ser un analista más agudo de la tecnologías nuevas. Si sabes mucho de medicina o tienes experiencia en primeros auxilios, podrías tener otra ventaja sobre los demás corredores de bolsa bilingües.

No eres un maestro en todos estos oficios, pero con un poco de práctica, es bastante fácil entrar en el 10-15 por ciento superior. Y eso es suficiente para hacerte más flexible y comercialmente atractivo para otra persona. En esta época, la versatilidad es más importante que la ejecución limitada. Has multiplicado exponencialmente tu idoneidad en asuntos bancarios con solo escuchar algunos audios en alemán o chino cada semana y leer noticias de última hora sobre empresas de biotecnología. No es un mal retorno para tu inversión, y de eso se trata: construir y aumentar tu pila de aptitudes puede ser engañosamente fácil.

Cambiando a algo probablemente más divertido y menos estresante, por ejemplo pintar. Cerca del 100 por ciento de los pintores (excepto en casos donde la pintura es derramada al estilo Jackson Pollock) tienen que saber cómo dibujar un tema determinado. Todos deberían saber cómo trabajar con varios medios, soportes y tipos de pintura, incluso si acaban especializándose solo en uno o dos. Por el bien de este ejemplo, digamos que solo el 90 por ciento de ellos pueden funcionar en múltiples medios.

Algunos artistas solo pintan retratos o naturalezas muertas que colocan convenientemente frente a ellos mientras pintan. Pero alguien que tiene una memoria fotográfica bien desarrollada (o al menos muy confiable) puede pintar casi cualquier cosa y en el lugar que desee, y podría ser más prolífico en el proceso. Esa es una habilidad que se puede perfeccionar con el tiempo y la práctica. Finalmente, alguien con experiencia en mitología, teología o filosofía podría tener una comprensión de ciertos símbolos que pueden ser incorporados a su trabajo para darle un significado o tensión adicional.

Es fácil encontrar un buen dibujante entre los pintores. ¿Pero un dibujante hábil que trabaja en múltiples medios, tiene una excelente memoria y una amplia formación en teoría del arte, mitología y filosofía? Eso ya no es tan común. Y es muy fácil poner ese apilamiento al servicio del arte.

Cada vez que agregas una habilidad a tu pila, estás elaborando un diagrama de Venn cada vez más selectivo.

Nadie conoce tus habilidades mejor que tú, pero distinto es crear una sinergia entre ellas. El apilamiento de aptitudes puede aprovechar lo que ya eres para presentarte de una manera más beneficiosa ante los demás. Y es una forma excelente y constructiva de descubrir qué habilidades necesitas aprender para destacar.

Conclusiones:

- Este capítulo trata exactamente sobre lo que podría valer la pena dedicarle tiempo para aprender y convertirte en polímata. Sí, es cierto que todos nuestros ejemplos de polímatas parecen haber poseído talentos tanto en las artes como en las ciencias. Es decir, solía haber una mezcla de habilidades blandas y duras. El propio Albert Einstein fue un gran defensor de lo que llamó juego combinatorio, en el que se complacía tocando el violín para aclarar su mente cuando se veía atrapado en la resolución de un problema particularmente irritante. De hecho, esta táctica es algo que también podemos canalizar cuando pensamos en qué gastar nuestro tiempo.
- El dibujante Scott Adams acuñó la expresión «apilamiento de aptitudes». Se trata de desarrollar la mejor

combinación de rasgos y habilidades para tu propósito particular.
- Una pila de aptitudes es algo que probablemente ya poseas. Se basa en el concepto de que no se puede confiar en una sola habilidad o competencia para destacarse en el ámbito en el que se desea sobresalir. Solo el 1 por ciento puede estar en el 1 por ciento superior de una habilidad, y es probable que no seas tú. Por lo tanto, deberías crear una pila de aptitudes que se componga de tres o cuatro habilidades interrelacionadas con las que hayas logrado ubicarte dentro del 10-15 por ciento superior. Es un objetivo realista y te diferenciará de tu competencia. Cuanto más única, variada y sinérgica se vuelva tu pila de habilidades, más formidable serás.
- Es importante que tus habilidades estén relacionadas entre sí. Esto significa que no debes concentrarte solo en tus fortalezas, que curiosamente pueden limitarte. Echa un vistazo a los mejores «jugadores» en tu campo para ver qué habilidades poseen. Cuando sepas en

qué deseas mejorar tu competencia, será tan fácil como leer un par de libros o algunos artículos, o asistir a algunas conferencias. Solo hacer esto te hará estar mejor informado y preparado que el 90 por ciento de la población general, ¡todo un experto! De esto se trata utilizar adecuadamente el concepto de polimatía para las circunstancias específicas de tu vida.

Capítulo 5. A hombros de gigantes

Como indica la regla general, podemos ver mejor si nos paramos a hombros de gigantes. Aunque nuestros propios esfuerzos sean pequeños, cuando los añadimos a la comprensión acumulada y al conocimiento adquirido por los grandes pensadores que nos antecedieron, podemos avanzar y continuar su camino.

Es importante que comprendas tus propias fuerzas, debilidades, contexto y objetivos. Si incorporar la polimatía en tu vida es importante, no hay otra manera de plantearte ese objetivo que respetando tu identidad y tu curiosidad. No obstante, nos han precedido innumerables gigantes. Al observar a esos grandes triunfadores de la historia, podemos encontrar modelos, inspiración y estímulo. Quédate con lo que te impacta, y deja el resto.

Sin duda, es posible que veas que los polímatas que investigaremos en las siguientes páginas nacieron en mayor parte dentro de familias ricas y tenían buenos contactos, si no eran de hecho nobles o aristócratas. Muchos de ellos vivían tan acomodadamente que podían dedicarse a aprender en vez de a sobrevivir, y algunos eran notables mujeriegos, adictos a las drogas o jugadores compulsivos.

Sin embargo, podemos aprender algunas lecciones de estas figuras, aunque nuestras vidas sean muy distintas a las suyas, como la manera de emplear nuestros talentos para llegar al equivalente moderno de un polímata histórico.

El original Hombre del Renacimiento

Leonardo da Vinci, nacido en 1452 en la Toscana, Italia, es sin duda el polímata más famoso y completo de la Historia, reconocido también por su enorme creatividad. Ciencias, matemáticas, artes, política, cultura, historia... Leonardo cultivaba un interés en todo ello, y con un alto nivel de competencia. Su lista de logros es asombrosa, y la variedad de sus ámbitos del conocimiento es asombrosa.

Anatomía. Da Vinci redefinió lo que los seres humanos sabían de ellos mismos. Fue la primera persona en crear imágenes detalladas de los órganos internos del cuerpo humano. Hizo moldes del cerebro y de los ventrículos de un buey muerto, allanando el camino para los modelos de órganos humanos. Fue el primero en describir la forma de «S» de la columna vertebral. Llevó a cabo numerosas disecciones de cuerpos humanos y de animales, documentando y dibujando meticulosamente todo lo que veía. Imagina cuán valiosos resultaban esos diagramas, viniendo de alguien tan hábil artísticamente. Incluso hoy, muchas ilustraciones de la anatomía humana de da Vinci constituyen estudios necesarios.

Innovación e invención. Da Vinci era un adelantado increíble. Concibió bocetos de varios inventos que cobraron vida quinientos años después: el helicóptero, el paracaídas, el tanque militar, el robot, y el equipo de buceo surgieron de ideas que Da Vinci formuló. Y esta es solo una lista parcial. Tenía un interés peculiar en las invenciones militares, y algunos biógrafos han especulado con que sus esfuerzos artísticos solo eran pasos previos en su búsqueda de invenciones para el sector bélico.

Arquitectura. Da Vinci estaba fascinado con proyectos de construcciones a gran escala, y era consultado por los constructores de su época. Diseñó un sistema de esclusas que acabó siendo extremadamente parecido a los utilizados hoy en día. Incluso se aventuró en la planificación urbana con su concepto de «la ciudad ideal».

Arte. Da Vinci pintó un par de obras maestras de las que habrás oído hablar: La Mona Lisa y La Última Cena. Su dibujo icónico del cuerpo humano, Hombre de Vitruvio, es una obra de arte y una explicación científica al mismo tiempo. Da Vinci también revolucionó el uso de paisajes en su arte y fue uno de los primeros innovadores en el uso de la pintura al óleo. También era escultor.

Ciencia. La maestría de Da Vinci lo convirtió en una figura clave en el desarrollo de estudios en muchas ciencias distintas. Fue el primero en especular con que los fósiles demostrarían que la tierra era mucho más vieja de lo que aquellos en su tiempo pensaban. Sus representaciones detalladas de plantas influyeron en cómo se estudiaba la botánica. Hizo estudios intensivos sobre el movimiento del agua. Diseñó molinos, máquinas y motores propulsados por agua. Incluso diseñó un teclado musical que tocaba instrumentos de cuerdas.

Ocasionalmente dormía, o al menos eso suponemos.

El inventor de la lengua alemana

Johann Wolfgang von Goethe fue un reconocido escritor y polímata alemán nacido en 1749. Escribió elogiados dramas, poemas, novelas y una autobiografía, y participó extensivamente en el estudio de la botánica y la anatomía humana.

Además, era un estadista dotado y una figura política, y fue ennoblecido por el Duque de Sajonia-Weimar antes de cumplir los cuarenta años. Como era común en esos tiempos, Goethe recibió una educación completa y clásica, con su padre animándolo a dedicarse a las lenguas (que incluían griego, francés, inglés, latín e incluso hebreo, entre otras), y a la educación física (que incluía equitación, esgrima y baile). Inicialmente, estudió derecho en Leipzig pero lo detestó enormemente. Sus pasiones reales eran la ilustración y la literatura. Más tarde, Goethe se dedicó exclusivamente a escribir. A los setenta, no obstante, se veía frecuentemente con el niño prodigio musical Félix Mendelssohn, y le ayudó a ser reconocido al compararlo con un joven Mozart.

Goethe mismo inspiró a muchos de los grandes compositores y era conocido por su amor a la música. Hoy, Goethe es considerado un tesoro nacional alemán y requisito de lectura para cualquier educación en literatura. Su trabajo fue tan extensivo e impactante, que se refiere a él frecuentemente como inventor de la lengua alemana.

Literatura. Goethe consiguió un reconocimiento enorme por sus dos primeras novelas, «Götz de Berlichingen, el de la mano de hierro» en 1773 y «Las penas del Joven Werther» en 1774. Estos libros fueron tan influyentes que han sido llamados «los primeros *bestsellers*», con Goethe siendo identificado como el fundador del movimiento literario del romanticismo. Este movimiento aún afecta cómo pensamos la literatura y la poesía hoy en día. Si la gente reconoce el nombre de Goethe, sin embargo, a menudo lo asocia con su trabajo más famoso, «Fausto». Más tarde, escribió «Los años de aprendizaje de Wilhelm Meister» (del cual el filósofo Schopenhauer pensaba que era una de las cuatro mejores novelas jamás escritas, sin duda un gran elogio) así como algunas obras de teatro y su propia fábula. A finales de sus sesenta años, Goethe hizo incursiones en el «orientalismo» poético, demostrando que un verdadero polímata nunca deja de aprender, descubrir y cambiar.

Botánica y física. Goethe es más conocido por su inmenso impacto literario, pero también era un escritor prolífico en las ciencias, formulando experimentos ópticos y una teoría del color propia que iba directamente en contra del marco Newtoniano. Para Goethe, la luz se debía entender relativistamente, y no mecánicamente, y su intimidantemente largo tratado «Teoría de los colores» explica cómo creía que el color es percibido de acuerdo a cómo lo interpreta nuestro sistema nervioso y no a los factores del entorno externo.

Hoy, los físicos entienden que tanto el entorno como la percepción individual son importantes en la percepción del color, pero tal vez el logro real de Goethe fue haber sido suficientemente valiente como para cuestionar y desafiar las teorías dominantes de su tiempo. Hoy todavía podemos ver los ecos filosóficos de su teoría en disciplinas modernas.

Goethe también era un científico consumado. Realizó investigaciones en el campo de la botánica, geología, psicología y meteorología, estableciendo el terreno, según algunos, para el futuro desarrollo de la tecnología moderna aplicada en la previsión del clima.

Hizo un descubrimiento anatómico que cabe destacar sobre el hueso intermaxilar que fue en contra de la convención científica de su tiempo. Goethe era conocido por ser un autodidacta y hombre del Renacimiento, sin que ello implicara que sus talentos literarios debieran excluirlo de estudiar temas de medicina o anatomía en profundidad.

Política. Los éxitos literarios de Goethe le proporcionaron celebridad y dinero, lo cual en buena parte le llevó hacia la corte del Duque de Sajonia-Weimar, donde pronto subió de rango, y ganó títulos y libertades sociales.

Fue comisionado de guerra y canciller de Sajonia —de ahí viene el «von» de su nombre— un título y rango equivalente a ser primer ministro hoy en día. Gestionó el desarrollo de carreteras, supervisó el mantenimiento de minas y participó en la implementación de notables reformas impositivas. Goethe nunca fue un artista jubilado caprichoso, sino un miembro activo y poderoso de su mundo social.

El hombre que demostró que Isaac Newton estaba equivocado

Thomas Young fue resumido una vez por un biógrafo como «el último hombre que lo supo todo». Nacido en 1772 en Inglaterra en una familia cuáquera, había leído la Biblia completa dos veces para cuando hubo cumplido los cuatro años, había aprendido una docena de lenguas para cuando hubo cumplido los catorce años y comenzó a trabajar como médico con tan solo veintitrés años. Hay una anécdota que cuenta que cuando el joven Thomas estaba aprendiendo a bailar, sus compañeros de clase lo encontraron con un compás y una regla, construyendo un diagrama matemático de un minueto, para bailarlo mejor.

Fue un emblema para polímatas de su era, dominando la física, la mecánica, la fisiología, la lengua, la música (inventó su propio método para afinar instrumentos musicales), la Egiptología y los jeroglíficos. Aunque sus intereses y logros fueron muchos, a menudo es recordado por sus contribuciones clave en la traducción de la piedra de Rosetta.

Después de heredar los bienes de un tío abuelo, fue financieramente capaz de continuar con su práctica privada, así como con su propia investigación y publicación de artículos médicos. En 1801 fue nombrado profesor de Historia Natural (algo así como la Física de aquel entonces), posteriormente secretario de exteriores de la Real Sociedad de Londres para el Avance de la Ciencia Natural, y más adelante miembro honorario extranjero de la Academia Estadounidense de las Artes y las Ciencias.

Young fue secretario en otras comisiones, asociaciones, academias y juntas, supervisando proyectos y políticas de muchos tipos. En el momento de su muerte a los cincuenta y seis años, era venerado como uno de los hombres más reconocidos y prolíficos de su tiempo.

Física. Presumiblemente, la contribución más importante de Young fue en la actualmente consolidada teoría ondulatoria de la luz. El reconocido experimento de la doble rendija (para muchos, un punto de partida para la física y la mecánica cuántica) fue llevado a cabo por Young, junto con demostraciones de tanques de ondulación, demostrando que la luz mostraba patrones de interferencia como los de las ondas del agua, sugiriendo su naturaleza ondulatoria.

Este polímata también se opuso a la previa suposición de Newton de que la luz era una partícula. Pasarían muchos años antes de que Young fuese tomado en serio, y muchos años más para que la aparente paradoja fuese resuelta (la luz es ahora considerada tanto una onda como una partícula).

Las otras contribuciones de Young en mecánica e ingeniería incluyen su trabajo sobre la elasticidad, el estrés, la tensión de superficie, la capilaridad y las dinámicas de péndulos que han seguido siendo relevantes en sus respectivos campos de ingeniera, matemáticas y física.

Medicina. La formación primaria y ocupación temprana de Young fue como un altamente prestigioso médico que de alguna manera encontró el tiempo para llevar a cabo sus propias investigaciones, publicar escritos médicos importantes y observaciones en hemodinámica (el estudio de la circulación dinámica de la sangre en el cuerpo), e inventar una fórmula rápida para determinar las dosis de medicamentos para niños.

La medicina era una pasión para Young, quien escribió, luego de ser criticado por algunos de sus trabajos científicos: «He resuelto limitar mis estudios y mi pluma a temas médicos solamente. De los talentos que Dios no me ha dado, no soy responsable, sino de los que poseer, hasta ahora he cultivado y empleado tan diligentemente como mis oportunidades me han permitido, y continuaré aplicándolas con asiduidad y tranquilidad a esa profesión que ha sido constantemente el objeto último de todos mis trabajos».

Lingüística. Young publicó una disertación en 1796 donde de manera casual incluyó una guía para un alfabeto fonético universal («para no dejar estas páginas en blanco») y redactó un extenso artículo en la

Enciclopedia Británica titulado «Lenguas», donde resumía la gramática y el vocabulario de 400 lenguas, y a la vez acuñaba muchos términos lingüísticos nuevos.

Sin embargo, su obra más significativa fue relacionada a los jeroglíficos egipcios antiguos. Tradujo por completo una sección de la piedra de Rosetta (la escritura «demótica»), logrando identificar que constaba de signos tanto ideográficos como fonéticos. También escribió sobre la historia del cristianismo en Nubia y, a pesar de sus propias y clara convicciones religiosas, fue un observador imparcial. Aunque Young compitió amargamente con otros en su campo y hubo cierta controversia asociada con sus hallazgos, sus contribuciones generales a esta área son innegables.

Al examinar la gama de intereses de Young, tenemos la impresión de un hombre que persistió en sus curiosidades a pesar de los rechazos, las críticas o el desacuerdo, y que parecía obtener una satisfacción y alegría genuinas al expandir al máximo su asombrosa destreza mental. La palabra «genio» parece ajustársele, pero también está claro que Young fue un individuo enérgico, trabajador y dinámico que logró mucho en su relativamente corta vida.

El hombre que pensó y luego existió

Aunque el afamado filósofo René Descartes tal vez no pueda ufanarse de un alcance tan amplio como los otros polímatas de nuestra lista, hizo avances colosales en matemáticas, filosofía y el proceso científico en general, y a una profundidad tan honda que su famoso «cogito ergo sum» («Pienso, luego existo») se considera una de las piedras angulares de la historia de la filosofía occidental.

Filosofía. Descartes fue quien cambió el enfoque hacia la pregunta filosófica, ¿de qué podemos estar seguros? Básicamente, la idea es que si hay duda, debe haber quien dude, lo que indudablemente prueba la existencia del sujeto que duda. Al decir "yo pienso" se establece la existencia de un pensador.

Siempre hay límites y dudas asociados a nuestros sentidos y a nuestra racionalidad.

¿Quién puede decir que no estamos equivocados o engañados en nuestras facultades? Sin embargo, si vamos a determinar algo de lo cual podamos tener certeza, podemos comenzar con esta máxima y saber que, en principio, existimos.

La obra de Descartes de 1637 titulada «Discurso del método» constituye una fuente inagotable de máximas sobre la investigación en las ciencias, la prueba de Dios y el alma, una aproximación a la física, y al corazón y al alma de todos los seres (los polímatas tienden a ser extensivos, como habrás notado). Su trabajo todavía se estudia, y muchas de sus teorías y conceptos se verifican en gran parte del pensamiento filosófico posterior.

Aunque su alcance excede en mucho cualquier Introducción posible aquí, podemos afirmar que Descartes fue pionero en una actitud profunda de escepticismo, no dando por cierto nada que no pudiera ser probado, edificando sobre esta base su filosofía. Por esta y otras razones, Descartes fue considerado en cierto modo un fundador de la filosofía moderna y marcó el camino a muchos filósofos.

Sus «Meditaciones metafísicas» fueron igualmente influyentes, y sus formulaciones y propuestas para el pensamiento científico y filosófico todavía se discuten hoy. Aunque hoy lo demos como un hecho, considerar mente y cuerpo como dos entidades distintas se debe en gran parte al extenso trabajo de Descartes sobre este «problema», y la influencia que esto ha ejercido sobre el pensamiento occidental es incalculable.

Matemáticas. Descartes creó el sistema de coordenadas cartesianas, el que se utiliza para elaborar o leer cualquier tipo de gráfico. Mediante las coordenadas cartesianas, la ubicación de un punto en dos dimensiones se puede representar mediante dos números en un plano. Esto se utiliza en álgebra lineal, geometría diferencial, teoría de grupos, geometría analítica, cálculo y más. Cualquier figura o ecuación geométrica se puede representar en un plano cartesiano, con infinidad de aplicaciones muchas útiles.

Descartes también inventó una forma de determinar el número de raíces reales positivas o negativas de un polinomio. La convención de usar *x* e *y* como variables en ecuaciones, y mostrar variables cuadradas con superíndices, como en x^2, también se debe al trabajo de Descartes.

Ciencia. Descartes contribuyó en gran medida al campo de la óptica, al descubriendo una ley de refracción llamada Ley de Snell descrita en su tratado «Dioptrique» e influyó en el desarrollo de la física moderna. Ideó una ley de conservación y de impulso mecánico.

Fue el primero en sugerir formalmente una teoría de las leyes naturales, y la primera fue: «Cada cosa persevera siempre en su estado; y así, lo que es movido una vez continúa moviéndose siempre». La segunda fue: «Ninguna de las partes de la materia, considerada en sí misma, tiende a continuar moviéndose en línea curva, sino solamente en línea recta». ¿Te suena familiar? Estas leyes fueron adaptadas luego como la primera ley del movimiento de Newton.

El constructor de pirámides

La polimatía no es solo un fenómeno reservado para las figuras intelectuales occidentales en un determinado período histórico, hubo «hombres del Renacimiento» mucho antes del Renacimiento. Uno de los primeros polímatas provino de Egipto, una región considerada durante mucho tiempo como la cuna de la civilización. Imhotep (nombre que significa «el que viene en paz») fue médico, teólogo, sumo sacerdote, poeta, ingeniero, sabio, visir y ministro principal del rey Djoser, el segundo rey de la tercera dinastía de Egipto. Imhotep nació como plebeyo en una región al sur de la actual El Cairo en el siglo 27 antes de Cristo.

Los antiguos egipcios constituían una civilización intelectualmente avanzada en las ciencias y las artes, mientras que la mayor parte del mundo todavía vivía un estilo de vida más primitivo de cazadores y recolectores. Imhotep ganó muchos títulos honoríficos a lo largo de su vida, y finalmente fue deificado en su propio tiempo como el dios de la medicina y la sabiduría. Aunque los logros de Imhotep son inmensos, hay razones para creer que también hubo otros prolíficos polímatas en su época.

Medicina. Imhotep contaba con una reputación notable como médico y cirujano, y podía diagnosticar y tratar unas 200 enfermedades que muchas otras naciones del mundo incluso muchos años después todavía intentaban estudiar cómo tratar. De hecho, Imhotep experimentó con el tratamiento de enfermedades más de 2000 años antes de la existencia de Hipócrates, el llamado "padre de la medicina". Una de sus contribuciones clave fue la idea de que las enfermedades eran un fenómeno natural y no, como se creía entonces, castigos enviados por los dioses. Hay documentos que respaldan su habilidad para remediar enfermedades oftalmológicas, cálculos biliares, gota, tuberculosis e incluso problemas dermatológicos y odontológicos utilizando extractos naturales comunes en Egipto en ese momento.

Imhotep tenía un amplio conocimiento de la anatomía humana y la fisiología de los diferentes sistemas del cuerpo, muy avanzado para la época. Además, el papiro quirúrgico Edwin Smith, cuya autoría se le atribuye, ha dado a los historiadores una visión clara del estado de la medicina y la asistencia sanitaria del antiguo Egipto.

Este papiro documenta varios casos importantes de pacientes que incluyen lesiones en la cabeza y heridas por arma blanca, además de describir una gran cantidad de términos anatómicos y tratamientos para una variedad de enfermedades. Al contrario del espíritu de la medicina de la época, este tratado más racional no se refería a la magia o los dioses. En cambio, encontramos los inicios de una ética médica que ayuda a los médicos a distinguir entre dolencias tratables e intratables.

Imhotep era conocido por su determinación y fuerza en la lucha contra enfermedades desconocidas con herramientas y modelos que, bajo nuestra mirada actual, parecerían muy limitados. Imhotep también fue pionero en una técnica de momificación que permitía extraer y conservar los órganos internos en recipientes separados.

Ingeniería y arquitectura. Los antiguos egipcios tenían en alta estima a quienes tenían el talento para realizar magníficas obras relacionadas con la ingeniería, la albañilería, el diseño, la geometría, las matemáticas y la construcción. Imhotep fue el renombrado arquitecto de la pirámide escalonada de Saqqara, la primera pirámide de Egipto y una maravilla de la ingeniería nunca antes vista.

La pirámide escalonada es considerada una de las primeras construcciones de piedra tallada de esas dimensiones y la estructura más alta hecha por el hombre en ese momento. Imhotep supervisó no solo la compleja construcción de la pirámide en sí, sino también los patios, templos, pabellones, salas con columnas y santuarios asociados. Las novedosas técnicas con roca caliza utilizadas en esta magnífica construcción son impresionantemente fuertes y duraderas y, con la estructura aún en pie casi 5000 años después, un testimonio del pensamiento y la visión de futuro de Imhotep.

También se sabe que Imhotep creó un sofisticado sistema de riego que utilizaba el río Nilo para proteger al país en períodos prolongados de sequía. Su legado incluye muchos escritos clave sobre religión, poesía, medicina y arquitectura. El antiguo Egipto fue una civilización floreciente y muy avanzada durante miles de años, convirtiéndose en un centro de crecimiento, desarrollo y prosperidad. Imhotep, siendo uno de los primeros pilares de este gran período de la antigüedad, sin duda contribuyó con su enorme genio a los logros del antiguo Egipto.

Conocimiento destilado

Lección 1: Diversifica

Fueran quienes fueran, en cualquier época de la historia en la que vivieran y fueran cuales fueran sus intereses y contribuciones, todos los polímatas tenían esencialmente la misma estrategia ganadora: la diversificación. Estas notables personas siempre tenían varios proyectos en marcha. No fueron sus esfuerzos individuales los que les adjudicaron el éxito y la reputación, sino la combinación de una variedad de habilidades y de áreas fértiles *entre* campos que ellos exploraron y conquistaron.

Muchos de los polímatas de nuestra lista tenían compañeros contemporáneos que trabajaban en los mismos proyectos e incluso, como en el caso de Thomas Young, eran rivales. Sin embargo, es interesante notar que aquellos individuos que se dedicaron diligentemente a una sola disciplina no son tan venerados como aquellos cuya participación puede haber sido más superficial, pero trajeron consigo la nueva perspectiva de una mente acostumbrada a lidiar con una variedad de temas y problemas de diversas formas. Es fácil de ver: los polímatas son capaces de resolver cualquier problema, en cualquier campo, con un mayor nivel de comprensión. Lo hacen no a pesar de su interés dividido y sus múltiples proyectos, sino, muy por el contrario, gracias a ello.

El trabajo de un experto en solo un área es como un punto en una página. Agrega un punto más, una idea o perspectiva más, y obtendrás una línea recta. Un polímata, sin embargo, agrega dimensionalidad a cada *bit* de información que encuentra o idea que produce. Su trabajo es como una figura de tres, cuatro o cinco dimensiones, que se expande en todas direcciones, viva y compleja debido a las conexiones dinámicas que sostienen con el «panorama general». Es esta capacidad para concebir un «panorama general», para desarrollar pensamientos que parecen salirse de los límites, la que caracteriza al pensamiento de los polímatas. No es casual que muchos de los avances verdaderamente revolucionarios de la humanidad no hayan sido realizados por especialistas, sino por individuos vitales y multifacéticos que parecían no tener más especialidad que la «curiosidad».

Lección 2: No tengas miedo

Solo vemos el resultado final de la vida de un polímata, y a veces desde una gran distancia histórica. Puede parecer que este tipo de persona pasaba alegremente de una tarea a otra, acumulando logros con facilidad mientras otros se quedaban asombrados y aplaudían. La verdad es menos glamorosa, pues los polímatas a menudo son solitarios que trabajan en silencio y sobrellevando la resistencia e interferencia a veces extremas procedentes del resto del mundo. Muchos de los mejores científicos, autores y médicos han tenido que hacer frente a la ignorancia, el miedo, la política y más, y los polímatas no son la excepción en ese sentido.

Todos los polímatas que hemos visto como ejemplo experimentaron, hasta cierto punto, dudas, críticas o burlas de los demás. El punto clave es que esto no pareció importarles. Para un polímata con una profunda pulsión por el conocimiento, la incomprensión y la desaprobación de los demás es solo un pequeño obstáculo. Es por eso que tantas figuras históricas reconocidas han sostenido desacuerdos con otros en su campo, o se han enfrentado a las grandes teorías que los dominaban.

Aunque muchos de los polímatas de nuestra lista tuvieron la suerte de no tener que soportar la precariedad económica, algunos de hecho procedían de entornos pobres y muchos optaron deliberadamente por la pobreza en lugar de buscar un trabajo que los alejara de su visión más grandiosa. Podemos inspirarnos con esta actitud: los polímatas bien pueden estar dotados de un genio con el que muchos de nosotros solo podemos soñar, sin embargo, fueron seres humanos que enfrentaron la adversidad y encontraron la manera de perseguir sus sueños.

Lección 3: Busca la autenticidad

Algo que acompaña a este espíritu curioso e intrépido es el coraje necesario para ser verdaderamente uno mismo. Los polímatas se esfuerzan por conquistar logros nuevos y únicos: visiones frescas, horizontes novedosos y combinaciones de ideas totalmente originales. Lo hacen siendo ellos mismos individuos fascinantes y únicos. Anteriormente en este libro, vimos que definirse de manera estricta con rótulos fijos es una forma de garantizar una existencia limitada y de mente estrecha. En cambio, los polímatas se resisten a la definición fácil y se concentran en ser lo que son, siguiendo lo que los inspira y explotando al máximo sus dones.

Son, en muchos sentidos, la personificación de la «mentalidad de crecimiento»: demuestran lo que se puede lograr cuando se deja de lado cualquier idea fija, no solo de lo que se puede conocer, sino también de quiénes podemos ser. Son rápidos en reconocer los errores, porque cuanto más rápido admiten que están equivocados, más rápido pueden encontrar la manera de tener la razón. Y en cualquier caso, para un polímata rara vez se trata de tener razón, sino de adquirir conocimientos.

Debido a que a los polímatas les impulsa la pura curiosidad y la voluntad de dominio, solo están interesados tangencialmente en el dinero o la fama. Esto significa que pueden perseguir un sueño independientemente de que resulte rentable o sea socialmente aceptado, y pueden seguir produciendo de manera brillante incluso después de haberse ganado elogios.

Esta devoción por el proceso de aprendizaje en sí, y no su recompensa externa, es lo que hace de los polímatas personas honestas, directas y genuinas. No tienen tiempo para el autoengaño o la distracción, esas cosas se interponen entre ellos y el mundo enormemente emocionante y misterioso que buscan conocer y explorar.

Conclusiones:

- Los polímatas han tenido vidas extrañas y sinuosas si se las mira en retrospectiva. Pero podemos aprender mucho analizando las vidas y enfoques de algunos polímatas particularmente notables de la historia. Muestran lo que se puede hacer gracias a una combinación de conocimiento, trabajo duro e insaciable curiosidad.
- Debemos comenzar con el polímata más famoso de todos, Leonardo da Vinci. Se destacó en casi todo. Aunque probablemente lo conozcas por su obra de arte, también fue estratega militar,

escultor, anatomista y maquinista, por nombrar solo algunos ejemplos.
- Johann von Goethe es señalado como el inventor de la lengua alemana porque sus obras literarias fueron muy influyentes e importantes para esa cultura. Sin embargo, también encontró tiempo para convertirse en un famoso botánico y ascendió en las filas de la estructura política alemana para convertirse en comisionado de guerra y supervisar una serie de reformas fiscales.
- Thomas Young es un caso curioso, pues pocos lo conocen por su nombre y sin embargo muchos lo conocen por ser quien demostró que las teorías de Newton estaban equivocadas. Evidentemente, esto requería un conocimiento profundo de la física y del método científico. Young también fue uno de las principales impulsores en la traducción de los jeroglíficos egipcios a través de su trabajo con la piedra de Rosetta. Todo ello a pesar de su formación primaria como médico.

- René Descartes inventó la geometría moderna, fue un físico destacado y uno de los filósofos occidentales más influyentes de la historia. Es famoso por sus investigaciones sobre la esencia del conocimiento, y sobre lo que puede y no puede ser comprobado. Esto finalmente se redujo a la afirmación de que si piensas, existes. *Pienso, luego existo.*
- Imhotep es un nombre perdido en la historia, a pesar de su influencia en el antiguo Egipto. Fue el médico de los faraones a los que sirvió, y fue el arquitecto de las primeras pirámides en la historia de Egipto. Sin embargo, su destreza en la ingeniería no se detuvo en las pirámides, ya que fue responsable de gran parte del sistema de riego que permitió a la civilización egipcia canalizar el poder del Nilo.
- Hemos dedicado un capítulo a los rasgos de la mente polimática, pero quizás se vuelva más claro al identificar esos rasgos en personas reales. Llegamos a tres rasgos comunes de diversidad, audacia y búsqueda ciega: diversidad de conocimiento que permite una mayor

pericia dentro de cada dominio, audacia por nuevas ideas y enfoques sin apegarse obstinadamente a las convenciones, y búsqueda ciega de un objetivo cuya motivación apenas puede describirse como la necesidad de quitarse la comezón.

Guía resumida

Capítulo 1. Aprendiz de todo

- Cuando pensamos en la palabra polímata, pensamos en genios célebres cuyas conquistas a lo largo de la historia resultan inalcanzables para nosotros. Quizás sea cierto, pero nos puede resultar de mucha utilidad estudiar cómo aquellos encaraban los problemas combinando sus saberes. Un polímata es alguien experto en múltiples campos. Puede parecer una simplificación excesiva, pero esa es la esencia. Sin embargo, la magia ocurre cuando estos múltiples campos convergen, propiciando la indagación y la resolución de los problemas por fuera de las estructuras preconcebidas.
- La aproximación propuesta en este libro es desarrollar al menos la forma de pi, e

idealmente la forma de peine o de estrella, en franco contraste con la forma de T. Las líneas horizontales representan la amplitud del conocimiento, mientras que las verticales representan su profundidad. ¿Quién dispone del tiempo suficiente para lograrlo? Pues, mucha gente. Numerosos estudios han demostrado la eficacia y el alto rendimiento de los equipos multidisciplinarios, de las personas que poseen una amplia gama de talentos y de quienes aplican conocimientos clásicos a situaciones innovadoras: Leonardo da Vinci, Elon Musk, Benjamin Franklin y Aristóteles, son solo algunos de los ejemplos. Suele afirmarse que esta tipología de trabajo combinado dio inicio al período del Renacimiento en Florencia, Italia.

- Puede parecer obvio o redundante, pero no se debe subestimar la importancia de adquirir una diversidad de conocimientos. Incluso resulta problemático poseer demasiado conocimiento en un mismo campo o una experiencia demasiado profunda. Esto se denomina efecto Einstellung e identifica al hombre que anda siempre con un martillo y ve todo como un clavo. Cuanto más inmerso esté en un tema, más difícil será ver otras herramientas, métodos, enfoques y perspectivas que estén fuera de su campo. Un biólogo solo verá problemas relacionados con la biología, etc.

- La forma más fácil de pensar en la polimatía es imaginarse trabajando en la línea de montaje en una de las fábricas de Henry Ford. Cada persona tiene asignada una única función y, como tal, puede ser reemplazada fácilmente en cualquier momento. Cuanto más polimático puedas ser, más funciones podrás realizar y menos reemplazable serás.

Capítulo 2. La mente polimática

- El corpus de conocimientos de que dispone un polímata puede diferir completamente de un polímata a otro, pero en su esencia son extremadamente similares. Esto se debe al impulso, la curiosidad y la apertura necesarios para adoptar la forma de pi o de peine, en vez de la forma de T. Por ejemplo, ¿te imaginas a Leonardo da Vinci enfrentando un problema con el que no estaba familiarizado y diciéndose a sí mismo: «Seguramente alguien lo resolverá, yo mejor me voy a tomar una siesta»? Probablemente no.

- El primer rasgo mental de un polímata es su extrema adaptabilidad y apertura. Cualquiera sea el obstáculo, se puede sortear. Se puede solucionar. Para lograrlo, debes incorporar un pensamiento flexible e ingenioso, y no sujetarte a convenciones o hábitos personales. Debes abrirte a nuevas perspectivas, a lo desconocido y a lo novedoso. Por ejemplo, ¿quién habrá sido la primera persona en mirar las ubres de una vaca y pensar que podría beberse lo que saliera de ellas?
- En segundo lugar, los polímatas viven experimentalmente. Esto no quiere decir que todo el tiempo estén realizando experimentos científicos tradicionales,

sino que aplican el método científico analizando e investigando todo lo que encuentran. Se sienten seguros al hacerlo y su objetivo es obtener información para saciar su curiosidad. Como si no pudieran evitarlo.

- En tercer lugar, los polímatas encarnan la mentalidad del principiante, mucho más útil que la mentalidad del experto. Cuando eres un principiante, tienes diez veces más preguntas que respuestas. Y eso es bueno. Te hace escuchar, cuestionar y profundizar. Los expertos suelen caer en la trampa de asumir que saben demasiado, lo que inevitablemente provoca lagunas de conocimiento. La mentalidad de principiante debe aplicarse en combinación con el pensamiento crítico y crear en conjunto un sistema sólido de indagación.
- En cuarto lugar, los polímatas creen en sí mismos. Independientemente de cuál sea su objetivo, están seguros de que lo alcanzarán. Existen muchas personas que a la hora de aprender se convierten en sus peores enemigos internos. Esto

habla de algo aún más trascendental: la creencia en que tienen el control, y la capacidad de actuar y conquistar metas. Esto significa considerar que la motivación tiene relación directa con el resultado, dentro de un marco de expectativas razonables. Uno no puede alcanzar una meta si primero no cree que es capaz de lograrla.

- Finalmente, los polímatas pueden ser descriptos como «implacables». ¿De qué otra manera sino, cuando se trata de personas con un conocimiento profundo en múltiples ámbitos? Ser implacable se puede definir como ser capaz de superar obstáculos a toda costa. Y, sin embargo, a menudo el único costo real es sentirse un poco incómodo. Los polímatas practican la autodisciplina al máximo, ya que comenzar desde cero, aun cuando se está profundamente interesado en un tema, resulta difícil y agotador. Pero eso es vida. Y sentirse cómodo con esa incertidumbre es una habilidad que te hará implacable en tu camino hacia el siguiente paso.

Capítulo 3. De novato a experto en 10 pasos

- Me permito suponer que no necesitas mucho más para convencerte de ser un polímata. En lugar de insistir en los «por qué», puedes preguntarte «cómo» convertirte en polímata. Esto implicará expandir tu mente y comenzar desde cero en al menos una nueva disciplina o ámbito de conocimiento. Será un proceso tedioso, agotador y frustrante. Pero lo será menos si tienes un plan adecuado.
- En consecuencia, arribamos a un proceso de 10 pasos para aprender un nuevo tema desde cero. En realidad, el título de cada paso es bastante descriptivo del proceso en sí:
    - Obtén una visión general amplia.
    - Reduce el alcance de tu conocimiento o habilidad deseada.
    - Define lo que significa el éxito para ti y trabaja en la dirección inversa para establecer un plan de ataque.

- Recopila recursos o material, priorizando la cantidad.
- Crea un plan de estudios basado en todos los recursos recopilados.
- Filtra y selecciona los recursos en función de lo que deseas lograr.
- Sumérgete en la información.
- Una vez que hayas adquirido una comprensión básica de todo, explora, juega y descubre los límites de tu comprensión con preguntas.
- Responde las preguntas del paso anterior y establece las conexiones faltantes.
- Enseña lo aprendido a otra persona para consolidar tu comprensión acerca del tema, y también como un espejo para ver lo que aún no comprendes del todo.

• Algo que no se menciona a lo largo de este proceso pero que está presente todo el tiempo son las notas. Las notas funcionan como un segundo cerebro. En ellas se escriben los descubrimientos, se establecen conexiones, y se revisa y sintetiza la información. Si se organizan y optimizan correctamente, las notas pueden convertirse en la estructura misma de su nuevo conjunto de conocimientos o habilidades nuevas. Aunque eso dependerá de otros factores. Finalmente, llegamos a un método especial de cuatro pasos para tomar notas. No es sencillo, pero esa es precisamente la idea.

- Los cuatro pasos son: (1) tomar notas de manera normal con tantos detalles como sea posible, (2) resumir la información con tus propias palabras, aclarando el significado y anotando preguntas, (3) conectar esa información particular con el tema general, y (4) responder las preguntas restantes y luego resumir cada página o sección distinta nuevamente.

Capítulo 4. Descubrimiento intencional

- Este capítulo trata exactamente sobre lo que podría valer la pena dedicarle tiempo para aprender y convertirte en polímata. Sí, es cierto que todos nuestros ejemplos de polímatas parecen haber poseído talentos tanto en las artes como en las ciencias. Es decir, solía haber una mezcla de habilidades blandas y duras. El propio Albert Einstein fue un gran defensor de lo que llamó juego combinatorio, en el que se complacía tocando el violín para aclarar su mente cuando se veía atrapado en la resolución de un problema particularmente irritante. De hecho, esta táctica es algo que también podemos canalizar cuando pensamos en qué gastar nuestro tiempo.

- El dibujante Scott Adams acuñó la expresión «apilamiento de aptitudes». Se trata de desarrollar la mejor combinación de rasgos y habilidades para tu propósito particular.
- Una pila de aptitudes es algo que probablemente ya poseas. Se basa en el concepto de que no se puede confiar en una sola habilidad o competencia para destacarse en el ámbito en el que se desea sobresalir. Solo el 1 por ciento puede estar en el 1 por ciento superior de una habilidad, y es probable que no seas tú. Por lo tanto, deberías crear una

pila de aptitudes que se componga de tres o cuatro habilidades interrelacionadas con las que hayas logrado ubicarte dentro del 10-15 por ciento superior. Es un objetivo realista y te diferenciará de tu competencia. Cuanto más única, variada y sinérgica se vuelva tu pila de habilidades, más formidable serás.

- Es importante que tus habilidades estén relacionadas entre sí. Esto significa que no debes concentrarte solo en tus fortalezas, que curiosamente pueden limitarte. Echa un vistazo a los mejores «jugadores» en tu campo para ver qué habilidades poseen. Cuando sepas en qué deseas mejorar tu competencia, será tan fácil como leer un par de libros o algunos artículos, o asistir a algunas conferencias. Solo hacer esto te hará estar mejor informado y preparado que el 90 por ciento de la población general, ¡todo un experto! De esto se trata utilizar adecuadamente el concepto de polimatía para las circunstancias específicas de tu vida.

Capítulo 5. De pie sobre gigantes

- Los polímatas han tenido vidas extrañas y sinuosas si se las mira en retrospectiva. Pero podemos aprender mucho analizando las vidas y enfoques de algunos polímatas particularmente notables de la historia. Muestran lo que se puede hacer gracias a una combinación de conocimiento, trabajo duro e insaciable curiosidad.
- Debemos comenzar con el polímata más famoso de todos, Leonardo da Vinci. Se destacó en casi todo. Aunque probablemente lo conozcas por su obra de arte, también fue estratega militar, escultor, anatomista y maquinista, por nombrar solo algunos ejemplos.
- Johann von Goethe es señalado como el inventor de la lengua alemana porque sus obras literarias fueron muy influyentes e importantes para esa cultura. Sin embargo, también encontró tiempo para convertirse en un famoso botánico y ascendió en las filas de la estructura política alemana para convertirse en comisionado de guerra y

supervisar una serie de reformas fiscales.
- Thomas Young es un caso curioso, pues pocos lo conocen por su nombre y sin embargo muchos lo conocen por ser quien demostró que las teorías de Newton estaban equivocadas. Evidentemente, esto requería un conocimiento profundo de la física y del método científico. Young también fue uno de las principales impulsores en la traducción de los jeroglíficos egipcios a través de su trabajo con la piedra de Rosetta. Todo ello a pesar de su formación primaria como médico.
- René Descartes inventó la geometría moderna, fue un físico destacado y uno de los filósofos occidentales más influyentes de la historia. Es famoso por sus investigaciones sobre la esencia del conocimiento, y sobre lo que puede y no puede ser comprobado. Esto finalmente se redujo a la afirmación de que si piensas, existes. *Pienso, luego existo.*
- Imhotep es un nombre perdido en la historia, a pesar de su influencia en el antiguo Egipto. Fue el médico de los

faraones a los que sirvió, y fue el arquitecto de las primeras pirámides en la historia de Egipto. Sin embargo, su destreza en la ingeniería no se detuvo en las pirámides, ya que fue responsable de gran parte del sistema de riego que permitió a la civilización egipcia canalizar el poder del Nilo.

- Hemos dedicado un capítulo a los rasgos de la mente polimática, pero quizás se vuelva más claro al identificar esos rasgos en personas reales. Llegamos a tres rasgos comunes de diversidad, audacia y búsqueda ciega: diversidad de conocimiento que permite una mayor pericia dentro de cada dominio, audacia por nuevas ideas y enfoques sin apegarse obstinadamente a las convenciones, y búsqueda ciega de un objetivo cuya motivación apenas puede describirse como la necesidad de quitarse la comezón.

www.ingramcontent.com/pod-product-compliance
Lightning Source LLC
Chambersburg PA
CBHW071238070526
44583CB00017B/2232